글쓴이 **박상현**

경남 김해에서 초등학교 교사로 근무하고 있어요.
다양한 사회 현상과 역사적 사건에 대해 관심이 많고,
운동도 좋아한답니다.
이 책을 읽는 여러분이 그동안 생활 속에서
궁금해했던 호기심이 가득 채워졌으면 좋겠어요.

그린이 **이창우**

대학에서 미술학을 전공하고
일러스트레이터로 살아가고 있어요.
이왕 그리는 그림이면 재밌었으면 좋겠다는 마음으로
여러 출판물에 만화와 그림을 그리고 있습니다.
국정홍보처, 법제처, 어린이 신문 등
다양한 매체에도 연재하고 있답니다.

ㅌ	탈북민	150, 152, 156
	태풍	114
	투표	32, 34
	특산물	126

ㅍ	평등권	20
	평화의 소녀상	58
	폭설	114

ㅎ	한국 전쟁	54
	항소	48
	행정 구역	108
	행정부	34, 36, 38, 40
	헌법	18, 20, 22, 24, 42, 46
	호우	114
	혼일강리역대국도지도	130
	화폐	78, 82
	환경 보전의 의무	22, 24
	환율	82
	황사	114
	희소성	64, 66

초등학교 선생님이 뽑은 **교과서 개념 77가지**를 퀴즈로 즐겨 보자!

ㅇ

양극화 ············ 88
양성평등 ············ 170
어린이 보호 구역 ············ 168
영공 ············ 106
영역 ············ 106
영토 ············ 86, 106, 162
영해 ············ 106
온실가스 ············ 132
올림픽 ············ 166
외교 ············ 28, 34, 50
위도와 경도 ············ 104
위선 ············ 104
위성 도시 ············ 118
위안부 ············ 28, 58
유네스코 ············ 154
유니세프 ············ 30
의무 ············ 22, 24, 42, 46, 170
인권 ············ 160
인플레이션 ············ 92
입법부 ············ 36, 38, 40

ㅈ

자본주의 경제 체제 ············ 84
자연재해 ············ 114, 132
자유권 ············ 20, 24
자유 무역 협정 ············ 76
자유재 ············ 80
재화 ············ 68, 80, 86
재화와 서비스 ············ 80
저작권 ············ 144

저출산과 고령화 ············ 122
적도 ············ 104, 112, 128
정부 ············ 36, 40, 44, 68, 84, 116
정의의 여신상 ············ 42
정치 ············ 14, 18, 20, 28, 36, 44, 50, 54, 116
제2차 세계 대전 ············ 52, 54
중심지 ············ 102, 108
중앙 정부 ············ 44, 84
지구 온난화 ············ 132, 134
지도 ············ 104, 130
지리 ············ 100, 130
지방 자치 ············ 44
지방 정부 ············ 44
지진 ············ 114
지형 ············ 100, 110, 126
집회 ············ 26, 58

ㅊ

참정권 ············ 20
청구권 ············ 20
축척 ············ 130
친환경 에너지 ············ 132, 134, 136

ㄷ

다문화 사회 152
다수결 32
대기 112
대륙 124
대륙 이동설 124
대양과 대륙 124
대통령 14, **34**, 40
도덕 158
독도 28, **162**
독점 70
등고선 130
디지털 리터러시 146
디플레이션 92

ㅁ

메타버스 172
무역 72, 74, 76, 90
문화 50, 100, **140**, 152, 156, 166
물물 교환 78
민주주의 18, 26, 32, 36, 46, 54

ㅂ

반크 28, 162
방위 130
법 18, 20, 22, 24, 36, 38, 42, 44, 46, 144, 158
법과 도덕 158
법원 36, 42, 48
복지 88, **164**
본초 자오선 104

북반구 104, 128
북반구와 남반구 128
분단 54
분배(분배 활동) 62, 68
비정부 기구(NGO) 30

ㅅ

사법부 36, 40, 42
사(4)차 산업 혁명 96
사회권 20
사회주의 경제 체제 84
산업 혁명 96, 72
삼권 분립 36
삼심 제도 48
상고 48
상소 48
생산(생산 활동) 62, 68, 86
서비스 68, 70, 80, 86, 92, 96
선거 14, 32, 44
세계 유산 154
세계 인권 선언 160
세시 풍속 142
소비(소비 활동) 62, 66, 68
소수자 156
수도권 116
수입 72, 76
수출 72, 76
스포츠 교류 166
시민 단체 28, 30
실업 94

 **찾아보기**

▶ 굵은 글씨는 본문에서 주제로 다루는 개념입니다.

ㄱ

가계	68
가뭄	114, 120, 132
개인 정보 보호	**148**
경도	104
경선	104
경쟁	**70**, 166
경제	50, **62**, 66, 68, 76, 80, 82, 84, 86, 90, 92, 94, 96, 102, 116, 118, 122, 126, 134
경제재	80
경제 주체	**68**
경제 체제	**84**
고령화	122
공공 기관	**16**
공공복리에 적합한 재산권 행사의 의무	22, 24
공정 거래법	70
공정 무역	**74**
공휴일	56
관세	**76**
교육의 의무	22, 24
국경일	56
국내 총생산(GDP)과 국민 총생산(GNP)	**86**
국민의 권리	20
국민의 의무	22
국방의 의무	22
국제 연합(UN)	**52**, 160
국제 통화	82, 90
국제 통화 기금(IMF)	**90**
국토 개발	**120**
국회	36, **38**, 44
국회 의원	14, 38, 46
권리	18, 20, 22, 24, 36, 38, 46, 74, 144, 159, 160, 164, 170
권리와 의무의 관계	**24**
근로의 의무	22, 24
기념일	**56**
기본권	20
기업	68, 70, 74, 76, 94
기호	130
기회비용	**66**
기후	100, 104, 112, 126

ㄴ

날씨	100, 112, 132
날씨와 기후	**112**
남반구	104, 128
납세의 의무	22
녹색 성장	**134**

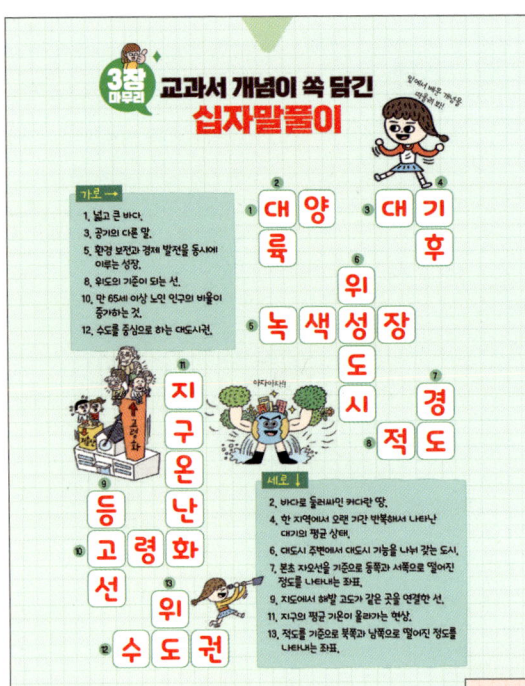

137쪽

173쪽

마무리 활동 정답

59쪽

97쪽

4장 마무리
쌤이 뽑은 교과서 개념 퀴즈

▶ 문제에 맞는 개념을 찾아 동그라미를 그려 보세요.

❶ 한 사회의 구성원들이 함께 배우고 공유하며 전달하는 생활 방식.
❷ 창작물에 대한 저작자의 권리.
❸ 유네스코가 지정한 인류 전체의 재산.
❹ 온라인 세상에 있는 다양한 정보를 읽고 사용할 줄 아는 능력.
❺ 개인의 정보를 지키는 일.
❻ 3차원 가상 세계.
❼ 누구나 마땅히 지켜야 할 행동 규범.

문	디	저	작	권	디
계	문	리	터	개	지
세	화	털	화	인	털
계	메	도	덕	정	리
유	민	호	다	보	터
산	세	타	보	보	러
메	타	버	스	호	시

▶ 초성 힌트를 보고 어떤 개념인지 맞혀 보세요.

❶ 북한에서 탈출한 사람. ㅌㅂㅁ
❷ 사람이 사람답게 살 권리. ㅇㄱ
❸ 스포츠를 통해 교류하는 일. ㅅㅍㅊㄱㄹ
❹ 한 사회 안에 여러 민족과 다양한 문화가 공존하는 사회. ㄷㅁㅎㅅㅎ
❺ 사회 구성원 중 약자 위치에 있는 사람. ㅅㅅㅈ
❻ 유치원이나 초등학교 주변 도로에 설치한 어린이 특별 보호 구역. ㅇㄹㅇㅂㅎㄱㅇ
❼ 남녀가 동등한 권리, 의무, 자격을 누릴 수 있는 것. ㅇㅅㅍㄷ
❽ 행복한 삶을 누리는 것. ㅂㅈ
❾ 본래 우리 땅인데 일본이 자기네 땅이라고 우기는 섬. ㄷㄷ
❿ 매년 일정한 시기에 반복해서 전해 내려오는 생활 습관. ㅅㅅㅍㅅ

정답 ❶ 가상 세계는 실제 거리와 상관없이 많은 사람과 소통할 수 있다는 장점이 있지만, 스마트폰 중독, 개인 정보 유출, 세대 간 격차 심화 등과 같은 단점도 있지요.

메타버스(Metaverse)

3차원 가상 세계

4차 산업 혁명의 핵심 기술인 정보 통신 기술의 발달로 공상 과학으로만 여기던 가상 세계가 점점 현실 세계가 되고 있어요. 놀이터나 운동장에서만 만나던 친구들을 스마트폰, 컴퓨터로 만나 놀기도 하고, 학교에 가야 들을 수 있던 수업도 온라인으로 들을 수 있지요.

메타버스(Metaverse)란 가상을 뜻하는 메타(Meta)와 우주를 뜻하는 유니버스(Universe)의 합성어로, 3차원 가상 세계를 말해요. 가상 세계를 마치 현실 세계인 것처럼 꾸미고, 메타버스 안에서 경제와 문화 활동까지 이루어지기 때문에 현실과 가상의 경계를 허물지요.

메타버스는 증강 현실(AR), 가상 현실(AR), 라이프로깅, 거울세계 등 크게 4가지 유형으로 나뉜답니다.

증강 현실	가상 현실	라이프로깅	거울세계
현실 세계에 가상의 물체를 덧씌워서 보여 주는 기술 (포켓몬GO)	현실과 다른 가상 공간에서 생활하는 기술 (온라인 게임)	삶에 관한 경험을 가상 세계에 기록하고 공유하는 기술 (눈)	현실 세계를 가상 세계에 똑같이 구현하는 기술 (지도 앱)

퀴즈 난이도 ★★☆

SNS, 게임 같은 가상 세계의 장점은?

1 친구와 직접 만나지 않아도 소통할 수 있다.

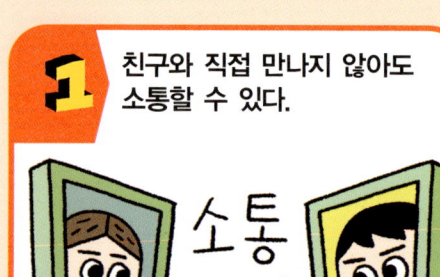

2 글쓰기 능력을 기를 수 있다.

3 나의 정보를 손쉽게 다른 사람에게 알려 줄 수 있다.

4 할아버지, 할머니를 덜 찾아봬도 된다.

정답 ❹ 성별에 따라 역할과 직업을 정해 놓는 것이 아니라 각자 개성에 맞게 하고 싶은 역할과 직업을 선택할 수 있어야 남성과 여성이 평등한 사회가 될 수 있어요.

양성평등

남녀가 동등한 권리, 의무, 자격을 누릴 수 있는 것
두 양 兩, 성품 성 性, 평평할 평 平, 같을 등 等

양성평등이란 남녀 성별에 따라 차별하지 않고 능력에 따라 동등한 기회와 권리를 누리는 것을 말해요.

과거에는 남녀의 역할이 정해져 있었어요. 사회에서 직업을 구하고 돈을 벌어 오는 일은 남자가 맡고, 집에서 가정을 돌보며 아이를 키우는 일은 여자가 도맡으면서 우리 사회에 성별에 따른 고정 관념이 생겼지요. 고정 관념으로 굳어지면서 차별받는 일도 많아졌어요. 아무리 능력이 뛰어나더라도 여자는 남자보다 직급이 낮아도 만족해야 했어요. 반대로 남자가 직장에 다니지 않고 가정을 돌보거나, 간호사가 되면 이상하게 여겼지요.

양성평등을 위해서는 남녀 역할에 대한 고정 관념을 버리고, 생활 속에 퍼져 있는 성차별 표현을 하지 않도록 노력해야 해요. 그래야 고정 관념이 사라지고 평등한 사회로 나아갈 수 있답니다.

퀴즈 76

양성평등 사회를 만들기 위해 노력해야 할 일이 <u>아닌</u> 것은?

1 서로 다름을 인정하며 존중한다.

2 성차별 표현을 쓰지 않는다.

3 성별이 아닌 능력으로 판단한다.

4 성별에 잘 맞는 역할, 직업을 정하여 추천한다.

정답 ❷ 아이들이 많이 다니는 학교 앞 도로에서는 무엇보다 아이들의 안전을 지키는 것이 중요해요. 그래서 어린이 보호 구역을 지정해 안전에 특히 힘쓰고 있어요.

어린이 보호 구역

유치원이나 초등학교 주변 도로에 설치한 어린이 특별 보호 구역
보전할 **보** 保, 보호할 **호** 護, 구역 **구** 區, 지경 **역** 域

어린이 보호 구역은 어린이의 안전사고 예방을 위해 유치원이나 초등학교 등의 주변 도로에 설치한 특별 보호 구역이에요. 초등학교 정문을 중심으로 반경 300m 이내의 통학로로, 스쿨 존이라고도 해요.
어린이의 안전을 위해 통학로에는 어린이 보호 구역임을 알리는 안내 표지판을 설치하고, 차도와 인도 사이에는 가드펜스 등 안전시설을 설치해야 해요. 또 교통사고를 예방하기 위해 차량의 주정차 금지는 물론 운행 속도를 시속 30km 이내로 제한해요.
어린이 보호 구역 외에도 학교 주변은 학생들을 보호하기 위해 학교 정화 구역으로 지정하고 있어요. 술집, 오락실, 피시방 같은 유해한 업소는 들어설 수 없으며, 안전 인증이 없는 불량 식품도 팔지 못하게 하는 등 어린이 건강에도 신경을 쓴답니다.

어린이 보호 구역

학교 앞 도로에서 **자동차 속도**를 제한하는 이유는?

1 어린이가 무단 횡단을 쉽게 할 수 있도록

2 어린이 교통사고를 막으려고

3 과속 방지 구간이 많아 차가 부서질까 봐

4 사람들의 운전 실력이 서툴러서

정답 ❹ 나라마다 문화는 달라도 스포츠를 좋아하는 것은 대부분 같아요. 공정하게 경쟁해서 승부를 내는 스포츠를 통해 나라 사이에 친목을 다지는 거랍니다.

스포츠 교류

스포츠를 통해 교류하는 일

사귈 교 交, 흐를 류 流

즐겨하는 게임이 같거나 좋아하는 연예인이 같을 때 우리는 친밀감을 느껴요. 처음 만난 사이라도 쉽게 친해지지요. 나라와 나라 사이도 마찬가지예요. 언어와 문화가 달라도 관심사가 비슷하면 다른 나라와 잘 화합하고 친목을 다질 수 있어요. 올림픽이나 월드컵처럼 주로 스포츠를 통해 교류하는 일을 스포츠 교류라고 해요.

국제올림픽위원회(IOC)가 선정한 도시에서 4년마다 열리는 올림픽은 스포츠 교류 중 가장 큰 행사예요. 우리나라도 1988년 서울에서 하계 올림픽을, 2018년 평창에서 동계 올림픽을 열었어요. 올림픽은 돈, 정치 등의 이해관계를 떠나 전 세계가 스포츠 교류로 화합하며 세계 평화를 이룩하려는 데 큰 의미가 있답니다.

74 퀴즈 _{난이도 ★★☆}

사회 기초 개념 잡기

올림픽이나 월드컵 같은 세계 체육 대회를 여는 이유는?

1 스포츠로 경쟁해서 남보다 높은 위치에 서려고

2 손흥민, 김연아 같은 유명한 선수를 만들려고

3 중계 기술의 발전을 위해서

4 스포츠를 하면서 친목을 다지려고

> **정답 ❷** 모든 학생은 편안한 환경에서 교육받을 권리가 있어요. 시골은 학교가 많지 않다 보니 등하굣길이 멀고, 대중교통이 불편해요. 그래서 학교나 교육청 단위로 스쿨버스를 운영하여 학생의 등하교를 돕는답니다.

복지

행복한 삶을 누리는 것

복 **복** 福, 복 **지** 祉

사람이라면 누구나 행복하게 살 권리가 있어요. 사람마다 느끼는 행복은 다르지만, 누구나 건강하고 편안하고 행복하게 살기를 원하지요. 행복한 삶을 누리는 것을 복지라고 해요.

국가에서는 국민의 삶의 질을 높이고, 모든 국민이 행복을 누릴 수 있도록 다양한 복지 정책을 펼쳐요. 특히 복지 혜택을 제대로 누리지 못하는 노인, 장애인, 아동 등 사회적 약자를 대상으로 하는 복지 서비스를 제공하지요.

우리나라의 대표적인 복지 정책에는 국민연금이 있어요. 퇴직 후에 소득이 없어졌을 때 국민의 생활을 보장하기 위해 국가가 정기적으로 돈을 지급하는 사회 보험이에요. 또 저소득층 가정에 교육비를 지원하고, 자연재해나 전염병 등으로 경제적 손실을 입었을 때 재난 지원금을 지급하지요. 국민이 안전하고 행복하게 지내며, 각자가 맡은 일에 더 집중할 수 있도록 돕는 것이 복지 정책의 목표랍니다.

시골 학교에 유독 스쿨버스가 많은 이유는?

1 학생들이 학교를 자주 빠져서

2 시골은 교통이 불편한 데다가 학교까지 멀어서

3 시골 버스비는 유독 비싸서

4 시골 학교는 등록금이 비싸서

정답 ❶, ❷, ❸, ❹ 영토를 입증할 때는 여러 증거를 바탕으로 입증해요. 우리나라는 일본보다 5년 더 빠른 1900년에 독도가 우리 땅임을 세계에 공표했답니다.

독도

경상북도 울릉군에 있는 섬
홀로 독 獨, 섬 도 島

"울릉도 동남쪽 뱃길 따라~ 독도는 우리 땅 우리 땅!"
독도는 경상북도 울릉군에 있는 우리나라 섬이에요. 당연히 우리 땅인데 노래까지 만들어 우리 땅이라고 외치는 이유는 일본이 독도를 다케시마라고 부르면서 일본 땅이라고 우기기 때문이에요. 하지만 우긴다고 역사가 달라지진 않아요. 독도가 우리 땅일 수밖에 없는 이유는 많거든요.
지금의 울릉도가 우산국이었던 신라 지증왕 때부터 독도는 우리나라 영토였어요. 우리나라가 일본의 식민지가 되기 직전인 1905년 을사늑약으로 독도를 일본에 빼앗겼지만, 평등한 입장에서 맺은 협약이 아니라 위협을 하며 강제로 맺은 늑약이었기에 일본이 주장하는 독도의 소유권은 효력이 없답니다. 그런데도 일본은 세계 지도에 독도를 일본 땅이라고 표기하며 끊임없이 독도에 대한 소유권을 주장하지요.
우리나라는 매년 10월 25일을 독도의 날로 정해, 독도가 우리 영토임을 전 세계에 알리고 있어요. 민간 단체 반크(VANK)는 전 세계인이 볼 수 있도록 유튜브에 독도 홍보 영상을 올리며, 국제 지도에 잘못 표기된 내용을 수정하는 등 일본의 억지 주장에 반박하며 활발하게 활동한답니다.

외교부 '독도' 홈페이지(https://dokdo.mofa.go.kr/kor/)에서 독도가 우리 땅일 수밖에 없는 이유를 찾아보세요.

72 퀴즈

난이도 ★★☆

사회 기초 개념 잡기

독도가 우리 땅인 이유를 모두 고르면?

1 안용복이 일본에 건너가 조선 땅이라는 확인서를 받아내서

2 현재 우리 행정 구역이니까

3 신라 시대 때부터 계속 우리 땅이어서

4 한때 독도를 일본 영토에 편입한 건 불법이니까

정답 ❶ 모든 사람은 태어나자마자 똑같은 권리를 누려요. 하지만 돈이나 물건과 같은 재물은 개인의 노력으로 얻은 것이라서 똑같이 나눠 가질 수는 없답니다.

인권

사람이 사람답게 살 권리

사람 **인** 人, 권리 **권** 權

인권은 사람이 사람답게 살 권리예요. 나이, 인종, 성별, 장애 등에 관계없이 누구나 사람으로 태어났다면 마땅히 누려야 할 권리이지요.
인권에는 자유롭게 행동할 권리, 차별받지 않을 권리, 일할 권리 등이 포함돼요. 인권을 보장받지 못하면 행복하게 살아갈 수 없어요. 불과 200년 전까지만 해도 인종, 성별, 신분에 따라 부당하게 대우받거나 차별받는 사람이 많았답니다.
1948년 12월 10일, 국제 연합(UN)은 세계 인권 선언을 발표했어요. 인권을 사람이 누려야 할 최소한의 권리로 인정한 거예요. 세계 대전을 두 차례나 겪으면서 사람은 모두 평등하고 똑같은 권리를 누려야 한다고 생각했지요. 세계 인권 선언 덕분에 사회적 약자인 어린이나 여성, 소수 민족과 외국인 노동자의 권리를 보호하는 등 세계 곳곳에서 세상 모든 사람들이 인권을 지키기 위해 노력한답니다.

사람으로 태어나 당연히 누리는 권리가 아닌 것은?

1 모든 물건을 똑같이 나눠 가질 권리

2 다른 사람과 차별받지 않을 권리

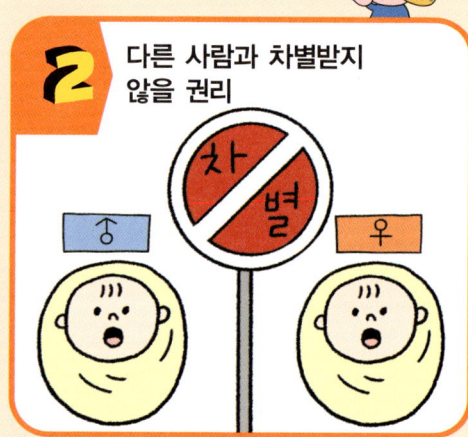

3 자유롭게 생각하고 행동할 권리

4 안전하게 살아갈 권리

정답 ❸ 할아버지에게 자리를 양보하지 않는 것은 도덕에 어긋난 행동이에요. 사람의 양심에 맡겨야 하는 도덕을 지키지 않았다고 해서 벌을 받지는 않는답니다.

법과 도덕

법 : 국가가 강제할 수 있는 사회 규범

도덕 : 누구나 스스로 마땅히 지켜야 할 행동 규범

법 법 法 · 길 도 道, 클 덕 德

여러 사람이 함께 모여 살다 보면 사람 사이에 갈등이 생기기 마련이에요. 갈등을 해결하려면 사람들이 꼭 지켜야 할 규범이 필요해요.
법은 정의로운 사회를 만들기 위해 국가가 강제할 수 있는 사회 규범이에요. 법을 지키지 않으면 벌을 받지요. 도덕은 사람이라면 누구나 지켜야 할 행동 규범이에요. 개인이나 집단이 양심에 따라 스스로 마땅히 지켜야 하는 행동으로, 강제성이 없기 때문에 도덕을 지키지 않더라도 벌을 받지는 않아요.
예를 들어 스쿨존에서 운전자가 과속했거나 가게에서 물건을 훔쳤다면 법에 따라 처벌받아야 해요. 사회 질서를 해치고 다른 사람에게 피해를 줬으니까요. 하지만 할아버지에게 자리를 양보하지 않았다고 해서 처벌받지는 않아요. 도덕의식이 없다고 비난받거나 스스로 양심의 가책을 느낄 뿐이에요.
법은 수많은 도덕 중에서 많은 사람이 꼭 지켜야 할 것을 뽑아서 만든 규범이기 때문에 '최소한의 도덕'이라 부르기도 한답니다.

할아버지에게 자리를 양보하지 않았을 때 일어날 수 있는 일이 아닌 것은?

1 할아버지에게 혼난다.

2 친구에게 예의 없다는 말을 듣는다.

3 경찰관에게 체포되어 벌을 받는다.

4 마음이 불편하다.

정답 ❶ 소수자는 단순히 숫자가 적은 것만 뜻하는 것이 아니라 사회적으로 힘이 없어서 약자의 위치에 있는 사람을 가리키는 말이에요.

소수자

사회 구성원 중 약자 위치에 있는 사람

적을 **소** 少, 셈 **수** 數, 사람 **자** 者

소수자는 적은 수의 사람이라는 뜻으로, 사회 구성원 중 문화나 신체 차이로 약자의 위치에 있는 사람을 말해요. 한국 사회에는 다문화 가정, 탈북민, 성소수자, 외국인 근로자, 장애인 등의 소수자가 있어요. 우리는 소수자를 다르다고 멀리하거나 경계할 것이 아니라 다름을 받아들이고 사회에 잘 적응할 수 있도록 도와야 해요. 우리 또한 해외로 이민을 가면 해외에서 우리가 소수자가 될 수 있어요. 그때 우리가 소수자로서 존중받으려면 우리부터 소수자를 존중하는 자세를 가져야 해요.

우리 민족도 일제 강점기에 해외로 가서 소수자로 살면서 독립운동을 한 조상도 있고, 경제가 한창 발전하던 1970년대에는 달러를 벌기 위해 미국이나 독일 등에 광부나 간호사로 이민 가 소수자로 살아간 사람도 많답니다.

소수자가 아닌 사람은?

1 인기 있는 소수의 아이돌 가수

2 교통사고로 다리를 다쳐 장애를 얻은 장애인

3 다른 나라에 거주 중인 한국인

4 같은 성별을 사랑하는 동성애자

정답 ④ 한강은 대한민국 역사에서 빼놓을 수 없는 중요한 장소지만, 세계 유산에는 아직 등재되지 않았답니다.

세계 유산

유네스코가 지정한 인류 전체의 재산

인간 세 世, 지경 계 界, 남길 유 遺, 낳을 산 産

세계 유산이란 유네스코가 전 세계가 함께 보호해야 할 가치가 있다고 인정하여 지정한 인류 전체의 재산이에요. 온 인류가 함께 보호하고 보존해야 할 자연환경이나 문화재 등을 지정하지요.

세계 유산은 문화유산, 자연 유산, 무형 유산, 기록 유산 등으로 분류해요. 세계적 기념물이나 유적지 등은 문화유산, 생물학적 군락이나 동식물 서식지 등은 자연 유산, 음악이나 춤 등의 창작물은 무형 유산, 중요한 글이나 영상물 등은 기록 유산이지요.

현재 유네스코에서 지정한 우리나라의 세계 유산에는 불국사와 석굴암, 제주의 용암 동굴, 종묘 제례악, 훈민정음 등 1,150여 개가 넘어요. 세계 유산에 등재되었다는 것은 세계적으로 가치를 인정받았다는 것이므로 훼손되지 않도록 더 아끼고 보존해야 한답니다.

세계 문화유산	불국사와 석굴암, 경주 역사 유적 지구 등 기념물과 유적지
세계 자연 유산	제주 화산섬과 용암 동굴, 갯벌 등 동식물 서식지
세계 무형 유산	종묘 제례악, 판소리, 남사당놀이, 처용무 등 무형의 유산
세계 기록 유산	훈민정음, 조선왕조실록, 승정원일기 등 귀중한 기록물

68 퀴즈

사회기초개념잡기 난이도 ★☆☆

우리나라의 **세계 유산**이 아닌 것은?

1 경주 석굴암

2 한국의 갯벌

3 훈민정음

4 서울의 한강

정답 ❸ 문화는 지역마다 서로 다를 수 있어요. 따라서 '맞다', '틀리다'가 아닌 '다르다'로 받아들이고, 다른 문화에 대해 이해하고 존중하는 자세를 가져야 해요.

다문화 사회

한 사회 안에 여러 민족과 다양한 문화가 공존하는 사회
많을 다 多, 글월 문 文, 될 화 化, 모일 사 社, 모일 회 會

한 국가나 사회 안에 여러 민족과 다양한 문화가 함께 존재하는 사회를 다문화 사회라고 해요.

우리나라도 외국인 근로자와 국제결혼 이주자, 탈북민 등이 증가하면서 최근 들어 빠르게 다문화 사회로 변하고 있어요. 특히 국제결혼으로 서로 다른 국적이나 인종, 문화를 지닌 사람들이 이룬 다문화 가정이 늘어났어요. 그뿐만 아니라 중국인이 모여서 만든 차이나타운, 이슬람교도들이 모여 사는 무슬림 마을 등 서울만 해도 지구촌 여러 나라가 공존하고 있지요.

인종이 다르고 문화가 다르다 해서 차별하면 안 돼요. 우리 사회 안에서 다양한 문화가 조화롭게 관계를 맺으며 공존할 수 있도록 서로 이해하고 존중하는 자세를 가져야 해요.

67 퀴즈 난이도 ★★☆
사회 기초 개념 잡기

한국에 이민 온 **외국인**을 대하는 태도로 잘못된 것은?

1 친절하게 대한다.

2 한글을 익힐 수 있도록 돕는다.

3 우리 문화가 더 우수하니까 무조건 익히라고 한다.

4 피부색이 다르다고 차별하지 않는다.

정답 ❸ 우리나라는 북한에서 탈출한 사람들이 새로운 터전을 마련할 수 있도록 도와주고 있어요.

탈북민

북한을 탈출한 사람

탈북민은 북한을 탈출해 우리나라에서 새로운 삶을 사는 사람을 말해요. 정치적 혹은 경제적인 이유로 북한에서 탈출하여 우리나라에 정착한 탈북민은 현재 3만 명 정도로 추정해요. 탈북민은 신분이 확인되면 우리나라에 잘 정착할 수 있도록 국가가 지원한답니다.

하지만 북한과 남한의 사회 체제와 문화가 너무도 다른 탓에 탈북민이 우리나라에 적응하기란 쉽지 않아요.

그러므로 탈북민이 우리나라에 잘 정착하려면 무엇보다 우리 인식을 바꾸는 게 중요해요. 편견으로 바라보기보다 같은 한민족이라고 생각해야 하지요.

탈북민은 북한을 떠나 우리나라로 넘어온 한민족이라는 뜻으로 '북한 이탈 주민'이라고 부르기도 한답니다.

66 퀴즈 난이도 ★★☆

사회 기초 개념 잡기

북한에서 탈출한 사람이 남한으로 오면 어떻게 될까?

1 북한 사람이니 북한으로 다시 돌려보낸다.

2 감옥으로 보낸다.

3 우리나라에 적응하여 살 수 있게 도와준다.

4 북한과 휴전 중이니 다른 나라로 추방한다.

> **정답 ❷** 내 계정의 비밀번호는 나만 알고 있어야 하는 소중한 개인 정보예요. 다른 사람에게 함부로 공유하면 해킹 등의 피해를 볼 수 있어요.

개인 정보 보호

개인의 정보를 지키는 일
낱 개 個, **사람 인** 人, **뜻 정** 情, **알릴 보** 報, **지킬 보** 保, **도울 호** 護

개인 정보란 특정 개인에 대해 알 수 있는 정보로서 이름, 주민 등록 번호, 전화번호, 사진 등을 말해요. 개인 정보를 보호하는 일이 '개인 정보 보호'지요. 개인 정보는 눈에 보이지 않아서 가볍게 생각할 수 있지만, 내 물건을 다른 사람이 함부로 사용하면 안 되는 것처럼 내 개인 정보도 다른 사람이 함부로 사용해선 안 돼요.

정보 전달이 느리던 옛날과 달리, 지금은 정보가 너무 빠르게 퍼져 나가요. 그래서 개인 정보가 인터넷상에서 유출되면 해킹, 보이스 피싱, 스미싱 등의 범죄에 악용될 수 있어요.

내 정보와 재산, 명예 등을 잃을 수 있기 때문에 우리는 소중한 개인 정보가 유출되지 않도록 꼭 필요한 누리집만 이용하고, 내 계정이 해킹당하지 않게 수시로 계정을 관리해야 해요.

65 퀴즈 난이도 ★☆☆
사회 기초개념잡기

인터넷상에서 내 정보를 보호하는 방법이 아닌 것은?

1 꼭 필요한 누리집에만 가입한다.

2 비밀번호를 잊어버릴지 모르니, 친한 친구에게 말해 둔다.

3 알 수 없는 발신자 메일은 열지 않는다.

4 이용이 끝나면 항상 로그아웃한다.

정답 ❶, ❷, ❸, ❹ 스마트폰은 게임, SNS, 사진 촬영뿐만 아니라 게임 제작, 지도, 나침반 대용으로도 활용할 수 있어요.

디지털 리터러시

온라인 세상에 있는 다양한 정보를 읽고 사용할 줄 아는 능력

디지털 리터러시란 글을 읽고 쓸 수 있는 능력을 뜻하는 리터러시(Literacy)와 디지털(Digital)의 합성어로, 디지털 세상에서 다양한 미디어를 접할 때, 정보를 정확히 찾아 읽고 사용할 줄 아는 개인의 능력을 말해요. 디지털 문해력이라고도 해요.

아무리 새롭고 편리한 기능이 있어도, 사용자가 제대로 사용할 수 없다면 쓸모가 없어요. '아는 만큼 보인다'라는 말처럼 사용 방법을 알고, 정확히 정보를 읽어 낼 수 있어야 제대로 활용할 수 있지요. 먼 옛날처럼 글 모르는 사람이 많을 때는 글을 읽고 쓸 줄 아는 능력이 중요했다면, 현재는 빠르게 발달하고 퍼지는 수많은 정보와 기기를 제대로 이해하고 다룰 줄 아는 능력이 중요하답니다.

64 퀴즈

사회 기초 개념 잡기

난이도 ★★☆

스마트폰으로 할 수 있는 일을 모두 고르면?

1 메신저로 친구와 대화하기

2 지도 어플로 목적지 찾기

3 현금이 없을 때 결제하기

4 길을 잃었을 때 방향 찾기

정답 ❷ 저작권은 창작한 작품에 대한 권리예요. 저작자가 살아 있는 동안은 물론이고, 사망 후 70년까지 유지된답니다.

저작권

창작물에 대한 저작자의 법적 권리

지을 **저** 著, 지을 **작** 作, 권리 **권** 權

저작권이란 창작물을 만든 사람, 즉 저작자가 자신이 만든 창작물에 대해 법으로 보호받을 수 있는 권리를 말해요. 저작자의 창작물을 저작물이라고 하는데, 저작물에는 글, 미술, 음악, 영화, 사진 등 아주 다양해요. 저작권은 저작자가 죽은 지 70년까지 살아 있고, 저작자가 기업이나 단체일 때는 저작물이 발표된 날로부터 70년까지 유지되지요.

저작권은 보호받아야 해요. 저작자의 권리이기 때문에 인정하고 지켜 줘야 하지요. 만약 저작권이 보호받지 못한다면 누구도 새로운 창작물을 만들려 하지 않을 거예요. 그러면 우리는 새롭고 재미있는 만화나 영화를 보기 어려울 것이고, 좋은 음악도 듣지 못할 거예요.

우리가 장난감을 살 때 돈을 내고, 식당에서 음식값을 지불하듯이 저작물을 이용하려면 저작자에게 정당한 대가를 치르고 이용해야 해요. 저작자의 허락 없이 저작물을 이용하는 것을 저작권 침해라고 하는데, 저작권을 침해하면 법적 처벌이 따른답니다.

창작품의 저작권은 언제 소멸할까?

1 작품이 나온 지 70년 후

2 작가가 죽은 지 70년 후

3 작품이 나온 지 50년 후

4 작가가 죽은 지 50년 후

정답 ❷ 우리나라 절기 중 하나인 동지(12월 22일)에는 팥죽을 쑤어 이웃과 나눠 먹고, 집안 곳곳에 놓아 악귀를 쫓는 풍습이 있어요. 지금도 동지가 되면 팥죽을 먹어요.

세시 풍속

매년 일정한 시기에 반복해서 전해 내려오는 생활 습관

해 세 歲, 때 시 時, 바람 풍 風, 풍속 속 俗

세시 풍속은 매년 일정한 시기마다 반복해서 전해 내려오는 다양한 생활 습관을 말해요. 설날에는 설빔을 입고 어른들께 세배하고, 단오에는 창포물에 머리 감고, 추석에는 송편을 빚는 등 명절이나 달 또는 계절에 따라 반복하는 일, 놀이, 음식, 옷차림 등 다양한 생활 모습을 뜻해요.

옛날부터 우리나라는 농업 중심 사회였기 때문에 농사와 관련한 세시 풍속이 계절마다 다양했어요. 입춘에는 대문이나 천장에 좋은 글귀를 써 붙이고, 마을에서는 굿을 하며 한 해 농사의 풍흉을 점쳤어요. 겨울 동지에는 팥죽을 쑤어 이웃과 나눠 먹으며 집안 곳곳에 있는 악귀를 쫓았어요.

하지만 농업 사회가 산업 사회로 바뀌면서, 농사와 관련된 세시 풍속이 많이 사라졌어요. 이제는 명절과 상관없이 민속박물관이나 민속촌에 가서 다양한 전통 놀이를 즐기며 세시 풍속을 체험한답니다.

62 퀴즈 난이도 ★★☆
사회 기초 개념 잡기

팥죽은 왜 추운 겨울에 먹을까?

1 겨울에 나는 팥이 맛있어서

2 우리 전통문화와 관련이 있어서

3 크리스마스는 팥 먹는 날이라서

4 여름에는 팥이 쉽게 상해서

정답 ❸ 인도에서는 똥을 누고 나서 왼손을 사용해 물로 엉덩이를 닦아요. 그래서 인도에서 왼손으로 악수를 청하는 것은 실례랍니다.

문화

한 사회의 독특한 생활 양식

글월 문 文, 될 화 化

문화는 한 사회의 독특한 생활 양식이에요. 한 사회의 구성원들이 더불어 살면서 함께 배우고 공유하며 전달하는 행동이나 생활 양식으로, 의식주를 비롯해 언어, 풍습, 종교, 예술 등 모든 생활 양식을 문화라고 하지요.

문화는 한 지역에서 공통된 모습을 띠기도 하지만, 넓게는 나라 전체에 걸쳐 나타나기도 해요. 예를 들어 한국, 중국, 일본을 비롯한 동아시아 일부 지역에서는 젓가락을 사용해요. 젓가락을 사용하는 것은 같지만, 젓가락의 용도가 나라마다 조금씩 달라요. 한국은 주로 반찬을 먹을 때 사용하지만 중국과 일본은 밥을 먹을 때도 사용하거든요.

문화는 매우 다양하기 때문에 잘살건 못살건, 역사가 길건 짧건, 문화 자체로 고유한 가치를 지녀요. 그래서 우리와 다른 문화라고 하더라도 이해하고 존중하는 마음을 가져야 한답니다.

61 퀴즈

난이도 ★★☆

사회 기초 개념 잡기

인도 사람이 손으로 하지 않는 행동은?

1 밥을 집어 먹는다.

2 똥을 닦는다.

3 왼손으로 악수한다.

4 가위바위보를 한다.
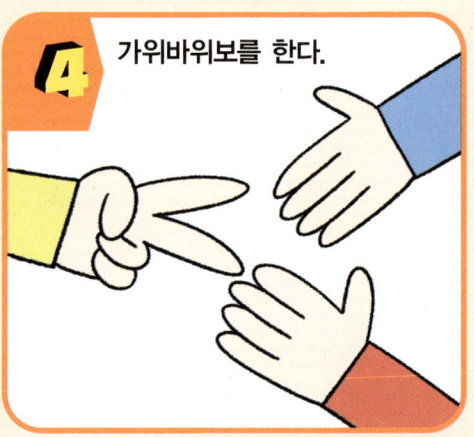

4장
교과서 속
사회·문화 이야기

문명의 시작과 함께 다양한 생활 방식, 역사, 전통 등의 사회 문화가 생겨났어요.
지역마다 고유한 문화도 있고, 비슷한 문화도 있지요.
인류가 문화를 어떻게 발전시키고 교류해 왔는지 살펴보아요.

문화 | 세시 풍속 | 저작권 | 디지털 리터러시 | 개인 정보 보호 | 탈북민 | 다문화 사회
세계 유산 | 소수자 | 법과 도덕 | 인권 | 독도 | 복지 | 스포츠 교류 | 어린이 보호 구역
양성평등 | 메타버스

3장 마무리
교과서 개념이 쏙 담긴
십자말풀이

앞에서 배운 개념을 떠올려 봐!

가로 →

1. 넓고 큰 바다.
3. 공기의 다른 말.
5. 환경 보전과 경제 발전을 동시에 이루는 성장.
8. 위도의 기준이 되는 선.
10. 만 65세 이상 노인 인구의 비율이 증가하는 것.
12. 수도를 중심으로 하는 대도시권.

세로 ↓

2. 바다로 둘러싸인 커다란 땅.
4. 한 지역에서 오랜 기간 반복해서 나타난 대기의 평균 상태.
6. 대도시 주변에서 대도시 기능을 나눠 갖는 도시.
7. 본초 자오선을 기준으로 동쪽과 서쪽으로 떨어진 정도를 나타내는 좌표.
9. 지도에서 해발 고도가 같은 곳을 연결한 선.
11. 지구의 평균 기온이 올라가는 현상.
13. 적도를 기준으로 북쪽과 남쪽으로 떨어진 정도를 나타내는 좌표.

> **정답 ④** 석유는 화석 에너지예요. 많이 사용하면 환경 오염을 유발하기 때문에 친환경 에너지라고 할 수 없어요.

친환경 에너지

무한한 자원이나 버려지는 것을 재활용해서 얻는 에너지

친할 **친** 親, 고리 **환** 環, 지경 **경** 境

'개똥도 약에 쓰려면 없다'는 속담이 있어요. 아무리 쓸모없고 흔한 개똥도 막상 필요해서 쓰려고 하면 없다는 말이지요. 그런데 요즘 이런 개똥으로 전기 에너지를 만드는 방법을 연구하고 있다는 걸 알고 있나요?

지금까지 전기 에너지를 만들려면 화석 연료와 같은 지하자원을 주로 사용했어요. 쉽게 활용할 수 있고 높은 효율을 낸다는 장점 때문에 산업 발전의 중심에 있었지요. 하지만 지하자원의 양이 한정되어 있고, 자원 개발에 따른 환경 문제가 대두되면서 친환경 에너지가 주목받는답니다.

친환경 에너지란 지구에 무한한 자원이나 버려지는 것을 재활용해서 얻는 에너지를 말해요. 태양 빛을 이용한 태양열, 물의 힘을 이용한 수력, 바람을 이용한 풍력, 버려지는 음식 쓰레기나 똥을 이용한 바이오 에너지 등으로, 지하자원에 비해 환경 오염도 덜 되고, 고갈될 염려도 없어요. 아직은 에너지로서 효율이 떨어지지만 미래 인류를 위해 꾸준히 개발 중이랍니다.

친환경 에너지가 아닌 것은?

1 태양

2 물

3 똥

4 석유

정답 ❸ 환경을 고려하지 않고 발전만 한다면 환경 파괴와 자원 고갈 같은 피해를 입어요. 따라서 환경을 보전하면서 발전해야 한답니다.

녹색 성장

환경 보전과 경제 발전을 동시에 이루는 성장

푸를 녹 綠, 빛 색 色, 이룰 성 成, 나아갈 장 長

인류의 삶이 편리하게 바뀔수록 지구 환경은 점점 파괴돼요. 그래서 우리 정부는 후손에게 건강한 지구를 물려주고자 녹색 성장을 추진하지요.

녹색 성장은 환경 보전과 경제 발전을 동시에 이루는 성장이에요. 후손으로 이어지는 발전이므로 '지속 가능한 발전'이라고도 해요. 녹색 성장은 화석 연료보다는 친환경 에너지 사용을 높여 지구 온난화를 유발하는 탄소를 줄여 나가고자 펼치는 정책이에요.

기업은 공장에서 나오는 매연, 폐수 등을 최대한 줄이고, 가정에서도 자가용보다는 대중교통을 이용하는 등 작은 것부터 실천해 나가야 해요. 하나뿐인 지구는 파괴되면 되돌릴 수 없으니까요.

59 퀴즈

사회 기초 개념 잡기

난이도 ★☆☆

환경을 생각하지 않고 발전만 한다면 어떻게 될까?

1 나라가 더 발전한다.

2 사람들이 더 부자가 된다.

3 자연재해가 발생한다.

4 세계가 평화롭게 된다.

정답 ❷ 사람이 느끼는 1.5도는 별 차이가 없지만, 지구가 느끼는 1.5도는 아주 큰 차이가 있어요. 1.5도면 지구의 빙하가 녹아 바다와 가까운 땅은 물에 잠길 수도 있답니다.

지구 온난화

지구의 평균 기온이 올라가는 현상
땅 **지** 地, 둥글 **구** 球, 따뜻할 **온** 溫, 따뜻할 **난** 暖, 될 **화** 化

지구가 점점 뜨거워지고 있어요. 사람들이 석탄이나 석유 등 화석 연료를 너무 많이 사용하고, 도시화에 따른 무분별한 개발로 숲이 파괴되면서 이산화탄소와 메탄 등의 온실가스가 많아졌기 때문이에요.

온실 효과를 일으키는 온실가스가 대기권 안에 갇힌 채 우주 밖으로 나가지 못해서 지구의 평균 기온이 점점 올라가는 현상을 지구 온난화라고 해요.

지구 온난화는 여러 문제를 일으켜요. 지구의 기온이 올라가면 빙하가 녹아 바다 수면이 높아지면서 육지가 물에 잠겨요. 또 홍수와 가뭄 등 자연재해가 일어나기도 하고, 갑작스러운 날씨 변화에 적응하지 못한 동식물이 죽어 생태계가 무너질 수도 있어요.

하나뿐인 지구를 보존하려면 지구 온난화를 막아야 해요. 화석 연료의 사용을 줄여, 지구 온난화의 주범인 온실가스의 배출량을 줄여야 해요. 또 전 세계 모든 국가가 협력해 친환경 에너지를 개발하는 데 노력해야 하지요. 우리나라는 2009년부터 매년 4월 22일 지구의 날을 기념해 전국 각지에서 소등 행사 등을 진행한답니다.

58 퀴즈 난이도 ★☆☆
사회 기초 개념 잡기

지구의 온도가 1.5도 올라간다면 지구는 어떻게 될까?

1 겨울과 여름의 온도가 같아질 것이다.

2 남극과 북극의 빙하가 녹아 땅이 물에 잠길 것이다.

3 1.5도면 큰 차이가 없어서 변화를 못 느낄 것이다.

4 지금보다 더 따뜻해서 식물이 더 잘 자랄 것이다.

정답 ❹ 평면에 그린 세계 지도는 지구의 실제 모습과 달라요. 둥근 지구를 평면 지도에 그리다 보니 대륙, 바다의 모양 등이 왜곡되어 오차가 생겼답니다.

지도

땅의 모습을 작게 줄여서 알기 쉽게 나타낸 그림

땅 **지** 地, 그림 **도** 圖

지도는 땅의 모습을 작게 줄여서 평면에 나타낸 그림이에요. 우리가 유명한 맛집이나 관광지를 헤매지 않고 쉽게 찾아갈 수 있는 건 지도 덕분이에요. 지도를 활용하면 지리를 쉽게 파악할 수 있지요.

지도는 약속된 기호와 방위, 축척, 등고선 등을 사용하여 지리적 현상을 한눈에 볼 수 있도록 그린 그림이에요. 지도 한 장이면 그 지역의 다양한 정보를 쉽게 알 수 있어요.

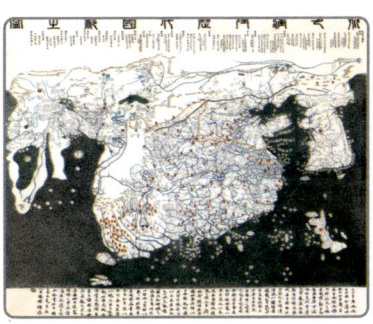

가장 오래된 우리나라 지도
혼일강리역대국도지도

기호 : 지리적 현상을 간략히 나타낸 약속

방위 : 동서남북의 방향을 나타낸 표시

등고선 : 해발 고도가 같은 지점을 연결한 선

축척 : 실제 거리를 일정하게 줄여서 나타낸 비율

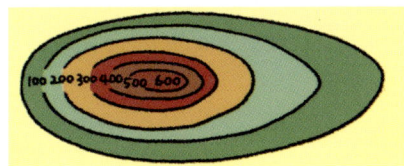

57 퀴즈 난이도 ★★☆
사회기초개념잡기

세계 지도에 대한 설명으로 틀린 것은?

1 세계 여러 나라의 위치를 알 수 있다.

2 러시아가 땅이 가장 크다.

3 우리나라와 뉴질랜드는 지구 위치상 반대다.

4 지도는 지구의 실제 모습과 똑같다.

정답 ❹ 우리나라는 2월이 겨울이지만, 호주는 무더운 여름이에요. 그래서 두꺼운 옷이 아닌 얇은 반소매 옷을 챙겨야 하지요.

북반구와 남반구

북반구 : 적도를 기준으로 지구의 북쪽 부분
남반구 : 적도를 기준으로 지구의 남쪽 부분
북녘 북 北, 남녘 남 南, 반 반 半, 공 구 球

적도를 기준으로 지구를 둘로 나눌 때 북쪽 부분을 북반구, 남쪽 부분을 남반구라고 해요. 북반구는 전 세계 육지의 약 70%를 차지할 만큼 육지 비율이 높아요. 우리나라를 비롯해 아시아, 유럽, 북아메리카, 아프리카 북부, 남아메리카 일부가 포함되지요. 이와 반대로 남반구는 육지가 적고 바다가 차지하는 면적이 넓어요. 남아메리카, 아프리카 남부, 오세아니아, 남극이 포함되지요.

우리나라는 보통 8월이 여름이라 덥고, 1월은 겨울이라 추워요. 하지만 우리나라와 같이 북반구에 위치한 나라에만 해당하는 이야기예요. 남반구 계절은 정반대예요. 남반구에 있는 호주는 우리나라가 겨울일 때 한여름이에요. 크리스마스도 우리나라는 겨울에 보내지만, 호주는 여름에 보내지요. 이외에도 지구에서 보이는 별자리와 달의 모습도 다르고, 소용돌이가 생기는 방향도 달라서 북반구는 시계 반대 방향으로 돌지만, 남반구는 시계 방향으로 돈답니다.

56 퀴즈 난이도 ★☆☆
사회 기초 개념 잡기

추운 2월에 호주로 여행 가면서 삼촌이 얇은 옷만 챙긴 이유는?

1 추위를 타지 않아서

2 호주는 긴 옷을 못 입게 해서

3 두꺼운 옷은 멋 내기 어려워서

4 2월의 호주는 더운 여름이어서

정답 ❹ 특산물이란 한 지역에서 많이 생산되거나 품질이 좋은 상품을 말해요. 경주에 있는 석탑은 특산물이 아닌 문화재랍니다.

특산물

한 지역에서 특별히 생산되어 나오는 물건

특별할 **특** 特, 낳을 **산** 産, 물건 **물** 物

어떤 지역에서 특별히 많이 생산되거나 다른 지역에 비해 품질이 뛰어난 물건을 특산물이라고 해요.

지역마다 기후, 지형 등 자연환경이 다르기 때문에 특산물은 지역에 따라 달라요. 평야 지역의 특산물은 이천의 쌀, 충주의 사과와 같이 주로 곡식이나 과일이에요. 산간 지역의 특산물은 약초나 산나물로, 강화의 약쑥과 금산의 인삼이 대표적이에요. 해안 지역의 특산물은 울릉도의 오징어 같은 해산물이나 소금 등이지요.

특산물은 지역을 대표하는 상품이기 때문에 지역 발전뿐 아니라 경제 발전에도 큰 도움이 돼요. 그래서 지역마다 해당 지역에 어울리는 특산물을 개발하려고 노력한답니다.

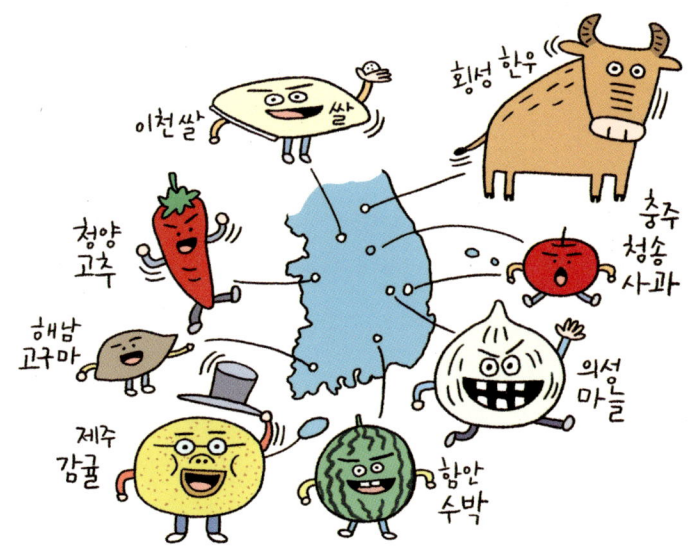

퀴즈 55

난이도 ★☆☆

사회 기초 개념 잡기

특산물이 아닌 것은?

1 제주 감귤

2 공주 알밤

3 횡성 한우

4 경주 석탑

정답 ❸ 지구는 아시아, 유럽, 아프리카, 북아메리카, 남아메리카, 오세아니아, 남극 대륙 이렇게 7개 대륙으로 나뉘어요. 우리나라는 아시아에 속한답니다.

대양과 대륙

대양 : 넓고 큰 바다

대륙 : 바다로 둘러싸인 커다란 땅

큰 **대** 大, 큰 바다 **양** 洋, 육지 **륙** 陸

대양은 넓고 큰 바다, 대륙은 바다로 둘러싸인 커다란 땅이에요. 사람들은 지구를 쉽게 구분하기 위해 바다를 5개로, 땅을 7개로 나누어 5대양 7대륙 또는 5대양 7대주라고 해요.

5대양	7대륙
태평양, 대서양, 인도양, 북극해, 남극해	아시아, 유럽, 아프리카, 북아메리카, 남아메리카, 오세아니아, 남극

바다나 산맥이 대륙과 대륙을 구분 짓는 기준이 되기도 하는데, 먼 옛날에는 지구의 모든 대륙이 하나로 붙어 있었다는 주장도 있어요. 약 3억 년 전에 한 덩어리였던 커다란 대륙이 여러 개로 쪼개져 현재의 모습으로 이동했다는 이론으로, 대륙 이동설이라고 한답니다.

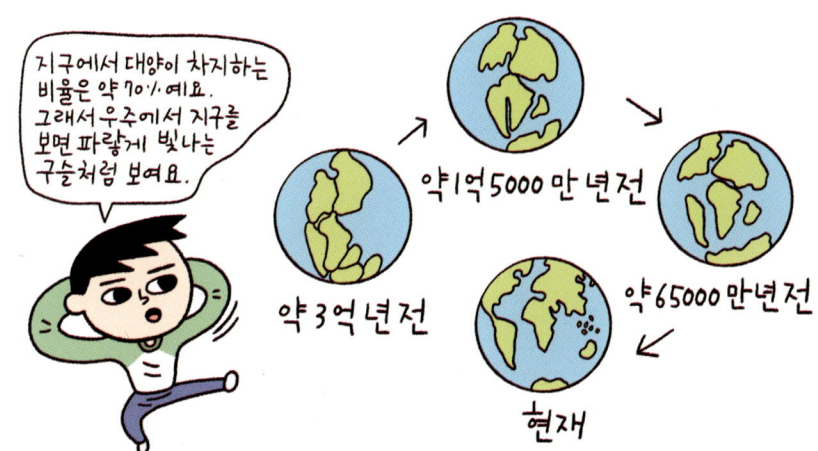

지구는 몇 개의 대륙으로 나뉠까?

1 4개

2 5개

3 7개

4 8개
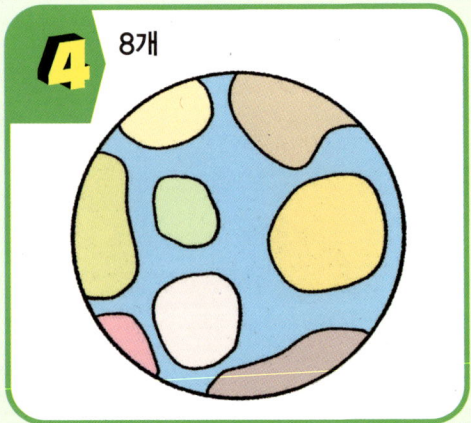

정답 ❶ 우리나라는 매년 출산율이 떨어지고 있어요. 그러다 보니 해마다 새롭게 입학하는 학생 수가 줄면서 빈 교실이 늘었답니다.

저출산과 고령화

저출산 : 태어나는 아이 수가 감소하는 것
고령화 : 만 65세 이상 노인 인구의 비율이 증가하는 것

낮을 **저** 低, 날 **출** 出, 낳을 **산** 産 · 높을 **고** 高, 나이 **령** 齡, 될 **화** 化

1960~1980년대만 해도 한 교실에 학생 수가 60명이 넘고, 한 학년이 10반이 넘을 정도로 학생 수가 많았어요. 하지만 요즘은 아이가 없는 가정도 많고, 아이를 낳더라도 한두 명만 낳는 가정이 늘다 보니 자연스럽게 초등학생 수가 줄었지요. 아이를 적게 낳아서 태어나는 아이 수가 감소하는 현상을 저출산이라고 해요.

저출산의 원인은 과거에 비해 사람들의 결혼 시기가 늦어졌을 뿐 아니라 가족에 대한 가치관이 변했고, 여성의 경제 활동 참여가 높아지면서 일과 육아를 동시에 하기 어려워졌기 때문이랍니다.

반면에 평균 수명이 늘면서 노인층은 많아져 고령화가 빠르게 진행되고 있어요. 고령화는 만 65세 이상의 노인 인구 비율이 증가하는 현상이에요.

저출산과 고령화가 계속되면 경제나 사회에 문제가 생기기도 해요. 경제가 활기차게 움직이려면 일할 사람이 많아야 하는데, 저출산으로 일할 사람은 줄고, 고령화로 부양해야 할 사람은 늘기 때문에 경제 성장이 어렵기 때문이랍니다.

53 퀴즈
사회 기초 개념잡기
난이도 ★☆☆

우리나라 **초등학교**에 빈 교실이 늘어난 이유로 알맞은 것은?

1 저출산

2 고령화

3 사교육

4 전염병
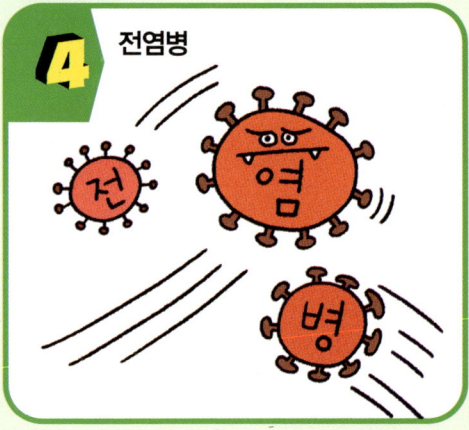

정답 ❹ 오늘날 강화도는 육지와 연결하는 다리가 생긴 덕분에 교통이 편리해요. 그래서 강화도를 방문하는 관광객 수가 많아졌답니다.

국토 개발

토지와 자원을 효율적으로 이용하기 위해 펼치는 사업

나라 **국** 國, 흙 **토** 土, 열 **개** 開, 펼칠 **발** 發

우리나라 국토 크기는 세계 108위로 작은 편이에요. 국토가 좁고 자원이 부족한 데 비해 인구는 많아서 우리나라 국토를 효율적으로 개발해야 해요. 토지와 자원을 효율적으로 이용할 수 있도록 개발하고 보전하여 국민 생활을 더 편리하게 하는 각종 사업을 국토 개발이라고 해요. 대규모 간척 사업, 산업 단지와 주택 단지의 건설, 철도, 도로, 터널, 공항, 항구, 댐과 같은 국가의 중요한 시설을 만드는 것 모두 국토 개발이지요.

하지만 지나친 국토 개발은 숲이나 갯벌 같은 자연환경이 파괴되어 인간의 삶에 심각한 영향을 끼치기도 해요. 산림이 훼손되면 홍수와 가뭄에 취약하고 산사태 위험도 커질 수 있지요. 따라서 국토 개발은 환경 파괴를 최대한 줄이면서 이루어야 해요. 자동차 터널도 되고 야생 동물이 안전하게 지나다니는 다리도 되는 생태 터널처럼 최대한 환경친화적으로 만들어야 하지요. 그래야 아름다운 우리나라를 오래오래 보전할 수 있답니다.

과거와 현재의 강화도 지도에서 잘못 설명한 것은?

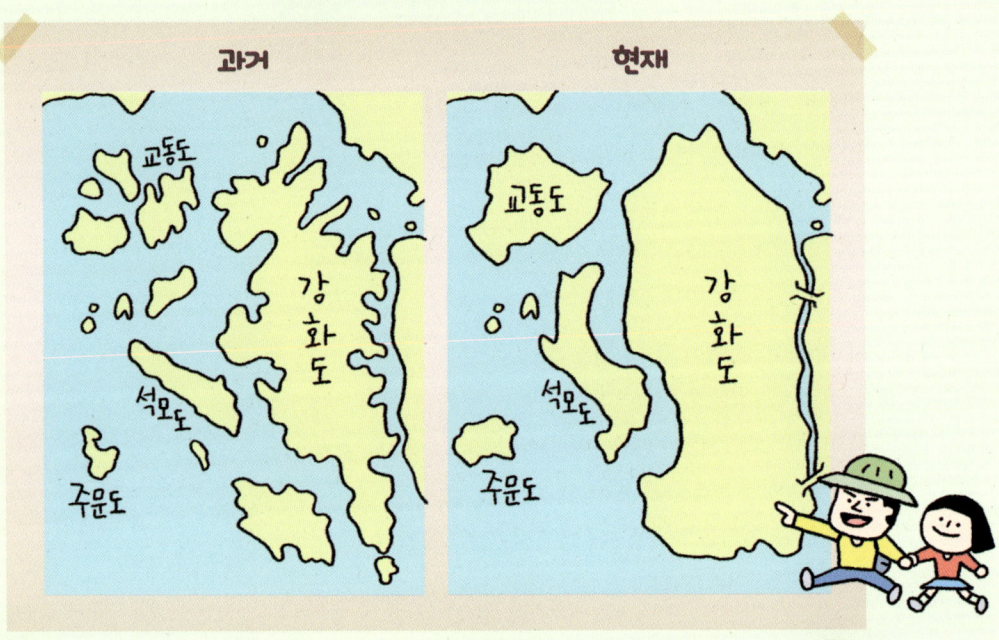

1 강화도는 과거보다 땅이 넓어졌다.

2 육지와 잇는 다리가 생겨서 편리하게 이동할 수 있다.

3 논밭이 늘어나서, 농산물 생산량도 늘었을 것이다.

4 강화도는 지금보다 과거에 관광객이 많았을 것이다.

정답 ❸ 대도시에 인구가 밀집하자 주택, 교통, 환경 등 여러 문제가 발생했어요. 그러자 정부는 인구를 분산시키기 위해 대도시 주변에 위성 도시를 만들었답니다.

위성 도시

대도시 주변에서 대도시의 기능을 나눠 갖는 도시

지킬 위 衛, 별 성 星, 도읍 도 都, 시장 시 市

우주에서 행성 주위를 도는 천체를 위성이라고 하는데, 위성처럼 대도시 주위에 위치하면서 대도시 영향을 받는 도시를 위성 도시라고 해요. 산업화가 이루어지면서 대도시에 사람이 몰리자, 정부는 인구 분산을 유도하기 위해 대도시 주변에 위성 도시를 만들었어요.

우리나라의 위성 도시는 뚜렷한 기능을 분담하는 중소 도시로서 다양한 특성이 있어요. 인천, 수원, 의정부 등은 조선 시대부터 도시의 기능을 해 온 역사적 위성 도시예요. 경기도 일산이나 분당 등은 서울의 주택 문제 해결을 돕는 주거 도시의 기능을 하고, 안산이나 부천 등은 산업과 경제를 발전시키는 공업 도시의 기능을 하지요.

하지만 위성 도시에 살면서도 대도시로 출퇴근하는 사람이 많아서 교통 문제가 발생하기도 해요. 또 공장들이 모여 있다 보니 대기 오염이나 수질 오염 등 환경 문제도 일어나지요.

의정부 역사적 위성 도시

하남 역사적 위성 도시

서울 대도시

안산 공업 기능을 분담하는 위성 도시

과천 행정 기능을 분담하는 위성 도시

성남 주거 기능을 분담하는 위성 도시

위성 도시를 만드는 이유는?

1 자원을 개발하려고

2 평평한 땅을 넓히려고

3 인구를 분산시키려고

4 땅값을 올리려고

정답 ❷ 수도권은 수도를 중심으로 이루어지는 대도시권을 말해요. 우리나라는 서울을 중심으로 한 인천과 경기도를 포함한 지역이에요.

수도권

수도를 중심으로 이루어지는 대도시권

머리 **수** 首, 도읍 **도** 都, 우리 **권** 圈

수도는 한 나라의 통치 기관인 정부가 있는 곳이에요. 대개 정치 활동의 중심지다 보니 사람이 많이 모이면서 경제, 문화의 중심이 되기도 하는데, 이러한 수도를 중심으로 이루어지는 대도시권을 수도권이라고 해요.

수도권은 사람들이 편리하게 생활할 수 있는 시설이 잘 갖춰져 있기 때문에 많은 인구가 밀집해 있어요. 우리나라도 인구의 절반 가까이가 수도권인 서울, 인천, 경기 지역에 살아요. 그래서 주택 문제, 교통 문제, 환경 문제 등 여러 문제가 발생하기도 해요. 또한 개발도 수도권에 집중되어 지역 간 불균형 문제도 일어나지요.

정부는 수도권과 지방의 균형 있는 발전을 위해 정부 일부를 옮기기도 하고, 신도시를 만들어 인구를 분산시키는 정책을 펼친답니다.

수도권이 되는 기준은?

1 대통령이 사는 곳

2 한 나라의 수도가 있는 곳

3 국민이 투표로 정한 곳

4 사람이 많이 모이는 곳

정답 ❸ 많은 비와 강한 바람을 동반하는 태풍은 주로 여름철이나 이른 가을 사이에 발생하여 사람들에게 큰 피해를 줘요.

자연재해

피할 수 없는 자연 현상으로 일어나는 재난이나 피해

스스로 **자** 自, 그럴 **연** 然, 재앙 **재** 災, 해할 **해** 害

자연재해는 태풍, 홍수, 해일, 지진, 폭설, 가뭄 등 피할 수 없는 자연 현상으로 일어나는 재난이나 피해를 말해요. 우리나라에서 발생하는 자연재해에는 태풍, 가뭄, 폭설, 황사 등이 있어요.

자연재해를 극복하기 위해서는 정확한 기상 정보를 통해 미리 예측하고 대비하는 것이 중요해요. 댐이나 방파제를 만들어 재해를 막으려는 노력도 필요하지요.

황사	태풍	호우
봄철에 중국에서 불어오는 누런 모래바람	주로 여름철에 많은 비를 동반하는 강한 바람	짧은 시간에 한꺼번에 쏟아지는 비
호흡기 질환 유발	**도로 침수 및 파손**	**하천 범람, 집과 논 침수**

폭설	가뭄	지진
한 번에 너무 많이 내리는 눈	주로 봄이나 가을, 오랫동안 비가 내리지 않는 상태	땅이 흔들리거나 갈라지는 일
교통마비, 눈사태	**곡식과 식물이 말라 죽음**	**건물, 도로, 시설물 파괴**

49 퀴즈 _{난이도 ★☆☆}

사회기초개념잡기

많은 비와 강한 바람으로 피해를 주는 **자연재해는?**

1. 황사

2. 가뭄

3. 태풍

4. 폭설

정답 ❸ 날씨는 그날의 대기 상태이고, 기후는 일정한 지역의 날씨 변화를 오랜 기간 관찰한 대기의 평균 상태를 말해요. 매일의 날씨가 모여 기후를 만들지요.

날씨와 기후

날씨 : 짧은 시간 동안 변하는 대기 상태

기후 : 한 지역에서 오랜 기간 반복해서 나타난 대기의 평균 상태

기운 기 氣, 기후 후 候

"오늘은 아침부터 오후까지 날씨가 맑겠습니다."
"이번 달은 장마철로 우산을 챙기시기 바랍니다."

둘 다 날씨를 예보하고 있지만, 어떤 때는 그날 하루의 날씨를, 어떤 때는 한 달 간 날씨를 말하고 있어요. 도대체 둘은 무엇이 다를까요?

날씨는 그날그날의 대기 상태, 즉 지구를 둘러싼 공기의 상태예요. 기온, 강수량, 바람 등 날씨는 매일매일 시시각각 달라져요. 반면에 기후는 일정한 지역에서 오랜 시간에 걸쳐 반복해서 나타난 날씨를 모아 평균을 낸 것이에요. 다시 말해 날씨가 짧은 시간 동안 변하는 다양한 대기 상태라면, 기후는 여러 해 동안 날씨의 변화를 평균하거나 종합한 상태지요.

기후에 따라 사람들의 생활 모습도 달라져요. 우리나라는 여름철에 무덥고 비가 많이 와서 사람들이 반소매에 반바지를 즐겨 입지만, 겨울에는 추워서 따뜻한 패딩을 즐겨 입어요. 하지만 1년 내내 따뜻한 적도 근처에 사는 사람들은 겨울옷이 필요 없답니다.

날씨와 기후의 차이는?

1 장소의 차이

2 불쾌지수가 높고 낮은 차이

3 지속 기간의 차이

4 기온의 높낮이 차이

정답 ①,③ 도시는 땅이 평평하고 교통이 편리한 곳에 생겨요. 또한 물이 흐르는 지역에도 생기기 쉽답니다.

지형

땅이 생긴 모양

땅 지 地, 모양 형 形

지형은 땅의 형태, 즉 땅이 생긴 모양을 말해요. 우리가 사는 지구 곳곳에는 다양한 지형이 있어요. 어떤 곳은 높고 험준한 산이지만, 어떤 곳은 넓고 평평한 평야예요. 사시사철 강물이 흐르는 하천, 물 하나 없이 모래만 가득한 사막, 높은 곳에 펼쳐진 끝없는 고원 또한 모두 지형이지요.

사람들은 오래전부터 자연이 준 지형에 적응해 왔어요. 특히 땅이 너르고 평평하며 물이 흐르는 지역에는 사람이 많이 모였어요. 자원이 풍부하고 교통이 편리한 곳도 마찬가지예요. 사람들이 모이다 보니 자연스레 도시가 생겼지요. 산지나 사막과 같이 사람이 살기 척박한 지형도 잘 이용하고 적응하며 살아가려고 노력한답니다.

세계 여러 지형

47 퀴즈

사회 기초 개념 잡기

난이도 ★☆☆

도시가 생기기 좋은 조건 두 가지를 고르면?

1 땅이 평평한 곳

2 산이 많은 곳

3 물이 흐르는 곳

4 모래가 많은 사막

정답 ❸ 나라를 효율적으로 관리하기 위해 행정 구역을 나누고, 원활하게 운영하기 위해 지역별로 도청이나 시청을 두고 있어요.

행정 구역

행정을 관리하는 기관의 힘이 미치는 지역

다닐 **행** 行, 정사 **정** 政, 나눌 **구** 區, 지경 **역** 域

행정 구역은 행정 기관의 힘이 미치는 일정한 구역으로, 행정 구역의 이름이 '시'로 끝나는지 '도'로 끝나는지에 따라 시청이나 도청이 담당해요. 시청과 도청은 대부분 각 구역의 중심지에 있어요.

지금 우리가 사용하는 행정 구역은 조선 시대에 정한 행정 구역을 바탕으로 정했어요. 팔도강산이라는 말은 우리나라 전체의 강산을 말하는데, 조선 시대 때 북한의 함경도, 평안도, 황해도와 남한의 경기도, 강원도, 충청도, 전라도, 경상도를 포함해 전국을 8도로 나누었어요. 당시에 제주도는 전라도에 속해 있어서 빠졌지요. 8도로 나뉜 행정 구역은 구역마다 관리를 파견해 돌보았어요. 대한민국 정부를 세운 후에 제주도가 독립했고, 충청도, 전라도, 경상도는 각각 북도와 남도로 다시 나뉘었어요. 우리나라 행정 구역은 다 합쳐도 20개가 안 되지만, 미국처럼 땅이 넓은 나라는 51개나 된답니다.

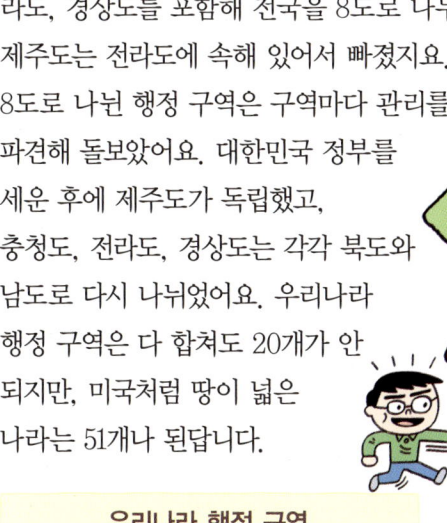

우리나라 행정 구역
1) 특별시 : 서울
2) 광역시 : 인천, 대전, 대구, 광주, 울산, 부산
3) 도 : 경기, 충남, 충북, 전북, 전남, 경남, 경북
4) 특별자치도 : 강원, 제주
5) 특별자치시 : 세종

왜 경상도, 경기도, 전라도 등으로 지역을 나누었을까?

1. 원래 서로 다른 나라여서

2. 사용하는 방언이 달라서

3. 나라를 운영하기 편하도록

4. 먹는 음식이 달라서

정답 ❸ 모든 나라는 고유 권한을 행사할 수 있는 영역이 있어요. 따라서 외국인이 그 나라 영역에 들어가려면 들어와도 된다는 허락을 받아야 한답니다.

영역

한 나라의 권한이 미치는 곳
다스릴 영 領, 지경 역 域

영역은 한 나라의 권한이 미치는 곳으로, 영토(땅), 영해(바다), 영공(하늘)으로 이루어져요. 영역 안에서 일어나는 일은 다른 나라가 간섭할 수 없어요. 우리나라의 영토는 한반도와 한반도에 속한 여러 섬으로 이루어져 있어요. 영해는 동해, 서해, 남해가 있고, 영공은 영토와 영해의 상공이지요. 영역을 결정하는 중요한 요소는 영토예요. 영토가 없으면 영해도, 영공도 없어요. 우리나라를 한반도라고 하지만 아직은 북한과 휴전 중이기 때문에 북쪽에 있는 나라로 가려면 배나 비행기를 타고 가야 한답니다.

영토	영해	영공
영토의 경계인 국경은 당사국 간의 합의나 자연적 지형으로 결정.	영토의 끝이 되는 선을 기준으로 12해리*까지의 바다. (단, 대한 해협은 3해리.)	영토와 영해의 한계선에서 수직으로 그은 선까지의 하늘.

*해리 : 거리를 나타내는 단위로 1해리는 약 1,852미터.

45 퀴즈 난이도 ★☆☆
사회 기초 개념 잡기

해외 여행을 갈 때 공항에서 **여권**에 출입국 도장을 찍는 이유는?

1 해외 여행을 기념하려고

2 나라의 도움을 받으려고

3 출입국 허가 표시를 남기려고

4 여행한 나라 사인을 받으려고

정답 ❸ 우리나라 위도와 경도의 기준점은 경기도 수원에 있는 국토지리정보원의 경위도 원점이에요. 이곳의 위도와 경도는 북위 37도, 동경 127도랍니다.

위도와 경도

위도 : 적도를 기준으로 북쪽과 남쪽으로 떨어진 정도를 나타내는 좌표
경도 : 본초 자오선을 기준으로 동쪽과 서쪽으로 떨어진 정도를 나타내는 좌표
씨줄 위 緯, 지날 경 經, 법도 도 度

교실에서 내가 앉은 자리를 설명할 때 '몇 모둠, 몇 번째 줄'처럼 기준을 정해 말하면 상대방이 정확히 알아들어요. 그럼, 지도에서 특정 위치를 나타낼 때는 어떤 기준에 따라야 할까요?

지도에는 일정한 간격으로 그은 가로선과 세로선이 있어요. 실제로 있는 선이 아니라 가상으로 표시한 선인데, 가로선은 '위도'를 나타내는 위선, 세로선은 '경도'를 나타내는 경선이에요. 위도와 경도를 사용하면 특정 위치를 정확히 나타낼 수 있지요.

위도는 적도를 기준으로 북쪽과 남쪽으로 떨어진 정도를 나타내는 좌표예요. 적도는 위도 0도가 되는 선으로, 지구의 중앙선이에요. 적도를 기준으로 북쪽, 즉 북반구에 있으면 북위(N)로 나타내고, 남쪽, 즉 남반구에 있으면 남위(S)로 나타내지요. 북쪽 끝인 북극은 북위 90도, 남쪽 끝인 남극은 남위 90도랍니다.

반대로 경도는 본초 자오선을 기준으로 동쪽과 서쪽으로 떨어진 정도를 나타내는 좌표예요. 본초 자오선은 경도 0도가 되는 선이에요. 본초 자오선을 기준으로 동쪽을 동경, 서쪽을 서경으로 나타내며, 각각 180도까지 존재하지요. 위도에 따라 기후가 달라지고 경도에 따라 세계 시간이 달라진답니다.

우리나라 **위도**와 **경도**의 기준점이 되는 도시는?

1 서울

2 부산

3 수원

4 대전

정답 ❸ 중심지는 사람이 많이 모이는 곳으로 주요 기능에 따라 나뉘어요. 또한 다양한 시설이 모여 있어 편리하게 이용할 수 있지요.

중심지

사람들이 어떤 일이나 활동을 하려고 많이 모여 중심이 되는 곳
가운데 중 中, 마음 심 心, 땅 지 地

중심지는 사람들이 어떤 일이나 활동을 하려고 많이 모여 중심이 되는 곳을 말해요. 중심지에는 병원, 학교, 버스 터미널, 은행 등 사람들이 편리하게 이용할 수 있는 다양한 편의 시설이 모여 있고, 교통이 편리해요. 그래서 사람들은 중심지에 많이 모여 살지요.

서울은 우리나라 수도로, 많은 사람이 모이고 경제 활동이 활발히 이루어지는 중심지예요. 서울 외에도 지역마다 행정, 관광, 산업 등 서로 다른 역할과 기능을 하는 다양한 중심지가 있어요. 필요에 따라 새로운 중심지는 계속 생기고 있답니다.

상업의 중심지	교통의 중심지	관광의 중심지	행정의 중심지	산업의 중심지
시장, 마트, 백화점, 상점 등	기차역, 공항, 버스 터미널 등	역사 유적지, 유물, 동굴, 해안가 등	시청, 군청, 경찰서, 주민 센터 등	공장 단지, 물류 센터 등

43 퀴즈 난이도 ★★☆
사회 기초 개념 잡기

중심지를 결정하는 기준은?

1 높은 산이 있는 곳

2 문화재가 많은 곳

3 사람이 많이 모이는 곳

4 공장이 많은 곳

정답 ❷ 지리를 공부하면 지역 간의 문화를 이해할 수 있으며, 적절한 도시 개발을 통해 사람들의 삶을 더 편리하게 만들 수 있어요.

지리

지역의 자연환경과 인문 환경을 종합적으로 연구하는 학문

땅 **지** 地, 다스릴 **리** 理

지리란 지역의 지형, 날씨, 기후와 같은 자연환경과 인구, 교통, 산업과 같은 인문 환경을 종합적으로 연구하는 학문이에요. 자연환경과 인문 환경을 같이 연구하는 이유는 자연환경을 알면 그 환경에 적응해 살아가는 사람들의 생활 모습을 훨씬 더 잘 이해할 수 있어서지요.

예를 들어 우리나라와 같은 동양에서는 고온 다습하고 온난한 기후 때문에 쌀을 주식으로 한 음식이 발달했지만, 프랑스나 영국 같은 서양에서는 건조하고 추운 기후 때문에 밀을 주식으로 한 음식이 발달했어요. 지역마다 지형과 기후가 달라서 사람들의 생활 모습도 다르게 나타나지요.

지리를 연구하면 서로 다른 문화를 이해하는 데 많은 도움이 돼요. 도시를 계획할 때도 자연환경과 인문 환경을 고려해 적절한 곳에 도로를 만들고 건물을 배치하는 등 계획을 세워 건설할 수 있어요. 또한 스마트폰이나 자동차의 내비게이션처럼 인공위성으로 받은 지리 정보를 통해 우리가 목적지까지 더 빠르게 갈 수 있지요.

지리를 공부하는 이유는?

1. 복 있는 곳을 찾아 다른 사람보다 더 잘살려고

2. 모든 사람이 더 편리하게 살려고

3. 다른 나라 사람을 무조건 존중하려고

4. 발굴 못한 문화재를 빨리 찾으려고

3장

교과서 속 **지리** 이야기

우리가 사는 지구에는 다양한 지역이 있어요.
사람들은 지역 특징에 적응하며 다양한 모습으로 살아가지요.
다양한 자연환경 속에서 여러 모습으로 살아가는 사람들을 만나 보세요.

지리 | 중심지 | 위도와 경도 | 영역 | 행정 구역 | 지형 | 날씨와 기후 | 자연재해 | 수도권
위성 도시 | 국토 개발 | 저출산과 고령화 | 대양과 대륙 | 특산물 | 북반구와 남반구 | 지도
지구 온난화 | 녹색 성장 | 친환경 에너지

쌤이 뽑은 교과서 개념 퀴즈

2장 마무리

문제를 잘 읽고 알맞은 번호를 적어 봐!

	사람이 살아가는 데 필요한 것을 생산, 소비, 분배하는 일
	어떤 선택으로 포기한 것 중 가장 큰 것의 가치
	인간의 욕구에 비해 충족 수단이 부족한 상태
	경제 활동을 하는 주인공
	다른 나라와 물건을 사고팔거나 바꾸는 일
	외국에서 들여온 상품에 부과하는 세금
	사람에게 필요한 것 중에서 형태가 있는 물건
	한 나라의 돈과 다른 나라의 돈을 교환하는 비율
	사회의 경제 제도나 경제생활 양식
	일정 기간에 우리나라 영토 안에서 생산한 모든 소득의 총액
	일정 기간에 우리나라 국민이 생산한 모든 소득의 총액
	서로 다른 계층이나 집단이 점점 더 달라지고 멀어지는 것
	경제가 어려운 나라에 돈을 빌려주는 국제기구
	상품이나 서비스 가격이 실제 가치보다 훨씬 올라가는 현상

❶ 환율 ❷ 경제 ❸ 경제 주체 ❹ 경제 체제 ❺ 희소성
❻ 관세 ❼ 국내 총생산 ❽ 국민 총생산 ❾ 기회비용 ❿ 무역
⓫ IMF ⓬ 재화 ⓭ 양극화 ⓮ 인플레이션

정답 ④ 산업 혁명은 기술의 발전에 따라 1차에서 4차로 나뉘어요. 하루가 다르게 발전하는 기술 덕분에 우리 생활뿐 아니라 경제, 사회의 모습도 크게 달라진답니다.

4차 산업 혁명

첨단 기술의 발달이 사회·경제에 큰 변화를 주는 시대

넉 **사** 四, 버금 **차** 次, 낳을 **산** 産, 일 **업** 業, 가죽 **혁** 革, 목숨 **명** 命

날씨를 알고 싶을 때, 스마트폰에 대고 한마디만 하면 돼요. "오늘 날씨 알려 줘."라고요. 굳이 검색해서 찾거나 TV를 시청할 필요가 없어요. 스마트폰 속 인공지능(AI)이 날씨 정보를 술술 말해 주기 때문이에요.

1차 산업 혁명의 기계화, 2차 산업 혁명의 대량 생산화, 3차 산업 혁명의 정보화에 이어, 첨단 기술이 제품과 서비스에 사용되고 경제와 사회에 큰 변화를 주는 산업 시대를 4차 산업 혁명이라고 해요. 인공지능(AI), 사물 인터넷(IoT), 로봇 기술, 자율 주행 자동차, 가상 현실(VR), 드론 등 4차 산업에서 주목받는 첨단 기술은 이미 우리 생활에서 쉽게 만날 수 있어요.

앞으로 첨단 기술이 보편화되고 새로운 기술이 생긴다면 머지않아 5차 산업 혁명이 다가오게 될 거예요.

1차, 2차, 3차, 4차 **산업 혁명**을 나누는 기준은?

1 예술의 발달

2 지리적 영향

3 법의 제정

4 기술의 발전

정답 ❹ 실업률이 높아지면 물건을 살 수 있는 사람이 줄어들어요. 물건이 안 팔리니 더 이상 물건을 만들어 내지 않는답니다.

실업

일자리를 잃거나 일할 기회를 얻지 못한 상태

잃을 실 失, 업 업 業

경제가 어려우면 사람들은 경제 활동을 줄여요. 경제 활동이 줄면 기업도 어려워 직원을 줄이기 때문에 사람들이 일자리를 잃지요. 이렇게 일자리를 잃거나 일할 기회를 얻지 못한 상태를 실업이라고 해요.

실업률이 높아지면 일할 사람이 줄면서 사회적으로 인력이 낭비되고, 기업의 생산량도 감소하여 결국 경제 성장을 방해하지요.

국민 경제의 활력을 떨어뜨리고 사회 불안을 일으키는 실업 문제를 해결하기 위해 정부는 여러 방면에 걸쳐 노력해요. 인력 개발 프로그램과 직업 훈련을 확대하고, 정부가 직접 나서서 일자리를 만들기도 해요. 취업 박람회를 열거나 고용 지원 센터를 운영해 취업 정보를 제공하고, 실업자에게는 실업 급여를 주어 경제적으로 지원한답니다.

40 퀴즈
사회 기초 개념 잡기
난이도 ★★☆

실업률이 높아지면 생기는 일이 아닌 것은?

1 나라 경제가 나빠진다.

2 나라의 복지 예산이 늘어난다.

3 결혼하지 않아서 출산율이 떨어진다.

4 기업이 물건을 많이 만들어 낸다.

정답 ❷ 2006년에 중국에서 우유 마시기 캠페인을 벌이자, 13억 명에 달하는 중국인이 유제품을 먹는 바람에 우유가 원재료인 치즈 가격 또한 껑충 올랐답니다.

인플레이션

상품이나 서비스의 가격이 실제 가치보다 훨씬 올라가는 현상

경제가 어렵다고 나라에서 돈을 많이 만들면 어떻게 될까요? 돈이 많아지면 사람들은 더 많은 물건을 사려고 할 거예요. 하지만 물건은 한정되어 있기 때문에 물건이 모자라면 가격이 오르겠지요. 나라에 돈이 많아져서 물가가 크게 오르고, 상품 가격이 실제 가치보다 훨씬 올라가는 현상을 인플레이션이라고 해요.

반대로 물가가 계속 떨어지고 경제 활동이 위축되는 현상은 디플레이션이라고 해요. 물가가 내리면 물건값이 내려가니까 좋을 것 같지만 사람들은 오히려 더 떨어지길 바라며 물건을 쉽게 사지 않아요. 그러면 물건을 팔지 못한 기업은 직원에게 임금을 주지 못하고 경영난에 허덕이다가 문을 닫지요. 결국 사람들은 일자리를 잃고 나라 경제도 어려워질 수밖에 없답니다.

따라서 물가는 너무 올라도 문제고, 너무 내려도 문제예요. 그래서 정부는 물가가 안정되도록 항상 노력하지요.

39 퀴즈

2006년 말에 **치즈 가격**이 갑자기 2배 이상 껑충 뛴 이유는?

1 사람들이 우유를 덜 마셔서

2 중국인이 치즈를 많이 먹어서

3 값싼 수입 제품이 많이 들어와서

4 날씨가 추워져서

정답 ❶ 1997년 우리나라는 급할 때 쓰려고 모아 둔 외화가 부족해서 다른 나라에 빚을 갚지 못하는 외환 위기를 겪었어요. 이때 우리 국민들도 위기를 극복하고자 금 모으기 운동에 나섰답니다.

국제 통화 기금(IMF)

경제가 어려운 나라에 돈을 빌려주는 국제기구

나라 **국** 國, 사이 **제** 際, 통할 **통** 通, 재화 **화** 貨, 터 **기** 基, 쇠 **금** 金

국제 통화 기금(International Monetary Fund)은 경제가 어려운 나라에 돈을 빌려주는 국제기구예요. 간단히 IMF라고도 해요. 1997년 말, 우리나라는 정부와 한국은행이 비축해 둔 외화가 바닥 나 아주 힘든 시기를 겪었어요. 다른 나라와 무역을 하거나 경제 안정을 위해서는 일정 이상의 외화를 갖고 있어야 하는데, 외화가 부족하니 외국과 거래를 하지 못해 기업은 문을 닫아야 했어요. 또한 우리나라에 투자했던 외국인 투자자들까지 서둘러 돈을 빼는 바람에 무역 적자와 외환 위기에 빠지게 되었지요.

▲ 국제 통화 기금 본부

결국 우리나라는 국제 통화 기금에 도움을 요청했어요. 우리나라 국민들도 외환 위기에서 벗어나려고 힘을 모았어요. 국제 통화인 금을 모아 나랏빚을 갚자며, 장롱 속 개인 재산까지 내놓았지요. 금 모으기 운동은 전 세계에 우리 국민의 애국심과 민족성을 알리는 사례가 되었어요. 모두 노력한 끝에 우리나라는 국제 통화 기금에 진 빚을 갚을 수 있었답니다.

우리나라가 **외환 위기**에 빠졌을 때 국민이 한 행동은?

1 금을 모았다.

2 쌀을 모았다.

3 철을 모았다.

4 헌 옷을 모았다.

정답 ❸ 양극화가 심하면 부자는 더 부자가 되고 가난한 사람은 더 가난하게 돼요. 똑같은 금액의 돈을 주기보다는 가난한 사람에게 더 많이 지원해 주는 것이 양극화를 줄일 수 있답니다.

양극화

서로 다른 계층이나 집단이 점점 더 달라지고 멀어지는 것

두 양 兩, 다할 극 極, 될 화 化

양극화는 가난한 사람과 부유한 사람 간에 격차가 점점 더 벌어지는 사회 현상을 말해요. 사회가 발전하면서 교육을 많이 받은 사람의 일자리는 늘어나지만 그렇지 못한 사람의 일자리는 줄어드는 노동의 양극화가 나타나고 있어요. 더구나 일자리를 얻지 못한 사람은 그만큼 소득이 줄어들어 소득의 양극화를 불러오지요.

양극화가 심하면 나라가 균형 있게 발전하기 어려워요. 그래서 나라에서는 양극화를 줄이기 위해 소득이 많은 사람에게 세금을 더 걷어서 소득이 적은 사람에게 복지 혜택을 주거나 안정된 일자리를 많이 만들어 더 많은 국민에게 일할 기회를 주어 가정의 소득을 늘릴 수 있도록 부를 재분배하는 제도를 펼치고 있답니다.

37 퀴즈

사회 기초 개념 잡기

양극화를 줄이는 방법이 아닌 것은?

1 부자에게 더 많은 세금을 내게 한다.

2 나라에서 일자리를 많이 만든다.

3 국민 모두에게 똑같은 금액의 돈을 준다.

4 부자들이 기부를 많이 한다.

정답 ❶ 국적이 우리나라라고 해도 해외에서 번 돈은 국내 총생산에 포함되지 않아요. 하지만 우리나라 국민이 생산한 소득이기 때문에 국민 총생산에는 포함된답니다.

국내 총생산과 국민 총생산

국내 총생산(GDP) : 일정 기간에 우리나라 영토 안에서 생산한 모든 소득의 총액
국민 총생산(GNP) : 일정 기간에 우리나라 국민이 생산한 모든 소득의 총액

나라 **국** 國, 안 **내** 內, 백성 **민** 民, 합할 **총** 總, 날 **생** 生, 낳을 **산** 産

시험이 끝나면 성적표를 받는 것처럼 한 나라의 경제에도 성적표가 있어요. 한 나라의 경제 성적을 알려 주는 지표가 바로 국내 총생산(GDP, Gross Domestic Product)과 국민 총생산(GNP, Gross National Product)이에요.

GDP라 불리는 국내 총생산은 외국인이든 우리나라 국민이든 일정 기간에 우리나라 영토 안에서 생산한 모든 재화와 서비스를 합한 금액을 말해요. 우리나라에서 생산된 모든 소득을 뜻하지요.

GNP라 불리는 국민 총생산은 우리나라 국민이 생산한 재화와 서비스를 모두 합한 금액을 말해요. 우리나라 국민이 외국에서 번 돈도 포함하지요. 우리나라 국적의 손흥민 선수가 영국에서 경기하며 받는 연봉은 국민 총생산에 속한답니다.

국내 총생산은 국가의 영토, 즉 장소의 개념에서 국가 경제력을 평가하는 반면, 국민 총생산은 국민, 즉 사람의 개념에서 국가 경제력을 평가한답니다.

36 퀴즈 난이도 ★★★
사회 기초 개념 잡기

손흥민 선수가 영국에서 받는 연봉은 국내 총생산에 포함될까?

1 해외에서 벌었으니 포함되지 않는다.

2 우리나라 사람이 번 돈이니 포함된다.

3 반만 포함된다.

4 연봉에서 세금을 뺀 금액만 포함된다.

정답 ❷ 북한은 모든 재산을 사회가 공유하는 사회주의 경제 체제예요. 사회주의 경제 체제에서는 개인이 땅을 소유할 수 없답니다.

경제 체제

사회의 경제 제도나 경제생활 양식

다스릴 **경** 經, 구할 **제** 濟, 몸 **체** 體, 절제할 **제** 制

경제 체제는 한 사회의 경제 제도나 경제생활 양식으로, 개인의 재산을 인정하느냐, 인정하지 않느냐에 따라 크게 자본주의 경제 체제와 사회주의 경제 체제로 나뉘어요. 또 경제 문제를 시장의 자율성에 맡기느냐, 중앙 정부가 통제하느냐에 따라 시장 경제 체제와 계획 경제 체제로 나뉘지요. 자본주의는 시장 경제 체제와 연결되고, 사회주의는 계획 경제 체제와 연결돼요. 우리나라는 시장 경제 체제를 기반으로 하고 있지만, 계획 경제 체제의 요소를 도입한 혼합 경제 체제를 채택하고 있답니다.

자본주의 경제 체제	사회주의 경제 체제
· 개인이 재산을 소유한다. · 일한 만큼 돈을 벌 수 있다. · 소득의 차이, 즉 빈부 격차가 심하다. · 시장 경제 체제	· 국가나 사회가 재산을 소유한다. · 열심히 일해도 누구나 똑같이 나눈다. · 일할 의욕이 줄어 생산성이 떨어진다. · 계획 경제 체제

35 퀴즈

사회 기초 개념 잡기
난이도 ★★☆

북한에서 개인이 땅을 가지지 못하는 이유는?

1 땅값이 너무 비싸서
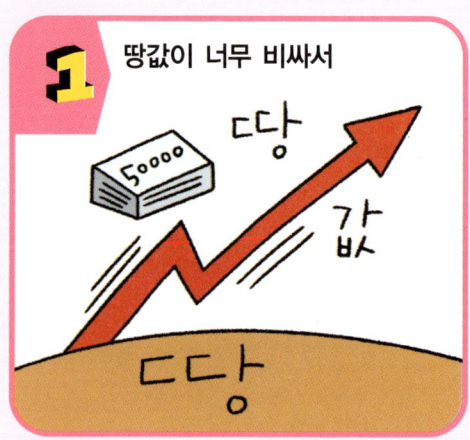

2 국가가 모든 땅을 관리해서

3 살 수 있는 땅이 너무 적어서

4 대부분 쓸모없는 땅이라서

정답 ❸ 각 나라의 경제 규모와 세계 경제 흐름에 따라 화폐 가치는 매일 바뀐답니다. 잘 사는 나라의 화폐는 신용도가 높아서 국가 간 거래에 널리 쓰이기도 하지요.

환율

한 나라의 돈과 다른 나라의 돈을 바꿀 때 교환하는 비율

바꿀 환 換, 비율 율 率

우리가 다른 나라로 여행 갈 때는 우리나라 돈을 다른 나라 돈으로 바꿔야 해요. 나라마다 다른 화폐를 사용하기 때문이에요. 돈을 다른 나라 돈으로 바꾸는 것을 환전이라고 하는데, 환전할 때는 환율에 따라 계산해야 해요. 환율이란 한 나라의 돈과 다른 나라의 돈을 교환하는 비율로, 돈을 교환할 때 사용하는 가치 기준을 말해요. 우리나라 돈 1,000원은 미국 돈 약 1달러와 바꿀 수 있고, 일본 돈 약 100엔과 바꿀 수 있지요.

환율은 각 나라의 경제 규모나 국제 경제 흐름에 따라 매일매일 바뀌어요. 그런데 유독 미국 달러의 환율을 중요하게 생각하는 이유는 미국 달러가 전 세계에서 거래되는 국제 통화이기 때문이지요.

오늘날 국제 통화로 인정받는 것은 달러뿐 아니라 금, 영국의 파운드예요. 미국과 영국은 경제 규모가 크고, 환율이 많이 변하지 않아서 국제 신용도가 높아요. 그래서 두 나라의 돈이 국제 통화로 널리 사용된답니다.

34 퀴즈 난이도 ★★★
사회기초개념잡기

나라마다 **화폐 가치**가 다른 이유는?

1 화폐 모양이 달라서

2 법이 달라서

3 경제 규모가 달라서

4 화폐 만드는 회사가 달라서

정답 ❹ 우리 생활에 필요한 것 중에서 형태가 있어 만질 수 있는 것을 재화라고 해요. 마술 공연은 형태가 없어 만질 수 없기 때문에 재화가 아니라 서비스라고 해요.

재화와 서비스

재화 : 인간의 욕구를 채워 주는 모든 물건

서비스 : 인간의 욕구를 채워 주는 무형의 활동

재물 재 財, 재물 화 貨

우리가 매일 욕구를 채우기 위해 하는 경제 활동은 크게 재화와 서비스로 나뉘어요.

재화는 사람들이 생활 속에서 필요한 빵, 옷, 책, 컴퓨터처럼 형태가 있어 만질 수 있는 물건을 말해요. 재화에는 물, 공기, 햇빛처럼 가치가 있지만 돈을 내지 않아도 사용할 수 있는 자유재와 옷이나 컴퓨터처럼 양이 한정되어 일정한 대가를 지불해야 사용할 수 있는 경제재가 있어요. 재화는 대부분 경제재를 뜻하지만, 시대와 장소에 따라 변하기도 해요. 예를 들어 물은 과거에는 어디서나 쉽게 구할 수 있었지만, 지금은 환경이 심각하게 오염되면서 돈을 줘야 얻을 수 있는 경제재로 바뀌었지요.

반면에 서비스는 마술사의 공연, 선생님의 수업, 의사의 진료, 상인의 판매, 택배기사의 운송과 같이 일정한 형태 없이 욕구를 채워 주기 위해 하는 활동이나 상품으로 판매하는 행위를 말해요. 하지만 최근에는 다양한 문화 콘텐츠가 상품화되면서 음악이나 영상처럼 형태가 없는 상품에도 재화라는 용어를 사용한답니다.

33 퀴즈

난이도 ★★☆

사회 기초 개념 잡기

돈으로 사용할 수 있는 것 중에서 종류가 다른 하나는?

1 할아버지가 세뱃돈으로 주신 5만 원

2 자동차에 필요한 석유

3 인기 있는 주머니 괴물 빵

4 마술사의 마술 공연

정답 ❸ 화폐로 쓰려면 가치가 있고 잘 변하지 않아야 해요. 바닷가의 모래나 물, 나뭇가지처럼 흔하고 쉽게 사라지는 것은 돈 역할을 할 수 없답니다.

화폐

물건을 사고팔 때 내는 수단

재물 **화** 貨, 화폐 **폐** 幣

화폐는 물건을 사고팔 때 내는 수단으로, 동전이나 지폐 등을 말해요. 오늘날에는 주로 돈을 사용하지만, 돈이 존재하지 않던 시절에는 서로 필요한 물건을 교환했어요. 하지만 물건마다 가치가 달랐고, 크고 무거운 물건을 거래할 때는 옮기는 것도 일이어서 아무래도 불편했지요.

사람들은 물물 교환의 불편을 해소하기 위해 작고 귀한 물질을 화폐로 사용하기 시작했어요. 먼 옛날에는 조개껍데기를 화폐로 사용했는데, 잘 깨지고 썩어서 못 쓰게 되는 경우가 많았어요. 그다음 나온 화폐가 금이었어요. 반짝이는 금은 구하기 어려운 광물이어서 화폐로서 가치가 있었지요. 뒤이어 금속으로 만든 동전을 발명해 사용하다가, 현대에 와서는 주로 종이로 만든 지폐, 신용카드, 휴대전화 결제 등으로 화폐 수단이 바뀌었답니다.

32 퀴즈

사회 기초 개념 잡기

난이도 ★★☆

돈을 만들기 전에 사람들이 돈 대신 사용한 물건은?

1 바닷가의 모래

2 산에서 흐르는 물

3 반짝이는 황금

4 같은 길이로 자른 나뭇가지

정답 ❹ 외국 제품에 세금을 매기지 않으면 우리나라 제품이 팔리지 않을 수 있어요. 그렇게 되면 우리나라 기업의 생존도 위험하지요.

관세

외국에서 들여온 상품에 부과하는 세금

빗장 관 關, 세금 세 稅

나라를 잘 운영하려면 세금이 꼭 필요해요. 그래서 경제 활동으로 얻은 수입이 있으면 반드시 정부에 세금을 내야 하지요. 외국에서 물건을 사 올 때도 세금을 내야 하는데, 이때 외국 상품에 부과하는 세금을 관세라고 해요. 관세를 붙이는 이유는 우리나라 상품을 보호하기 위해서예요. 외국에서 수입한 상품이 우리나라 상품보다 품질도 좋고 가격까지 싸다면 당연히 외국 상품을 선호할 거예요. 그러면 우리나라 기업은 경쟁력을 잃어서 문을 닫을 것이고, 실직자도 늘면서 우리나라 경제 상황도 나빠지겠지요. 이런 폐단을 막으려고 수입품에 관세를 붙여 수입품의 가격을 올리는 거예요.

하지만 나라끼리 자유 무역 협정(FTA)을 맺어, 관세를 낮추거나 여러 가지 혜택을 누리기도 해요. 더 많은 나라와 자유롭게 거래하면서 해외 시장을 넓히고 수출 경쟁력을 키워 경제 성장을 이루려는 거지요. 다만, 우리나라 농축산업처럼 경쟁력이 약한 산업은 자유 무역 협정을 맺으면 오히려 불리하기 때문에 외국과 경쟁할 수 있도록 정부의 보호와 지원이 필요하답니다.

외국 제품을 우리나라에 들여올 때 세금을 내는 이유는?

1 품질이 훨씬 좋아서

2 유명해서

3 우리나라 제품보다 늘 싸니까
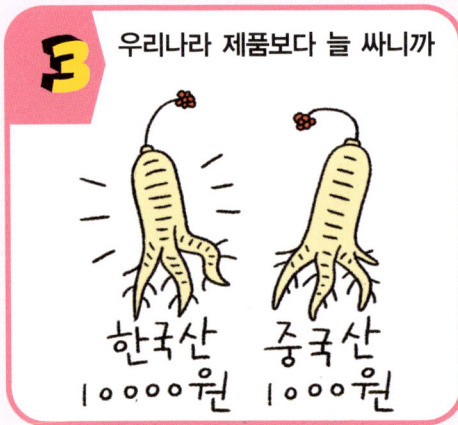

4 우리나라 제품을 보호하려고

정답 ❹ 기업이 최대 이익을 추구하되 생산자를 착취하지 않고 정당한 대가를 지불하는 것이 공정 무역이에요. 생산자를 위해 경제적 이익을 손해 보기도 한답니다.

공정 무역

공정한 가격을 지불하는 무역

공평할 공 公, **바를 정** 正, **바꿀 무** 貿, **바꿀 역** 易

공정 무역은 공정한 가격을 지불하는 무역을 말해요. 생산자와 소비자 모두의 권리를 보호하기 위해 생산자에게 정당한 노동의 대가를 지불하고, 소비자에게는 질 좋은 제품을 공급하자는 취지로 시작한 무역 방식이에요.
우리가 좋아하는 초콜릿의 주원료는 카카오예요. 카카오는 가나, 나이지리아 같은 아프리카에서 주로 생산되는데, 카카오 농장에는 학교도 가지 못한 채 일하는 아이가 많다고 해요. 아이들은 쉬지도 못하고 온종일 일하지만, 일한 만큼 많이 벌진 못하지요. 초콜릿을 팔아 생기는 수익은 대부분 초콜릿 회사가 가져가 버리거든요. 불공정한 무역이 이루어지지요.
이러한 불공정 무역의 잘못된 점을 개선하기 위해 시작한 것이 바로 공정 무역이에요. 생산자의 권리를 존중하고, 우리 또한 윤리적인 소비자가 되기 위해 오늘부터 공정 무역 제품을 소비하는 건 어떨까요?

30 퀴즈 난이도 ★★☆

사회 기초 개념 잡기

공정 무역에 대한 설명 중 틀린 것은?

1 생산자에게 제값을 주고 물건을 사는 것이다.

2 아동의 노동력을 착취하지 않는 것이다.

3 중간 상인을 거치지 않고 기업이 직접 구입하는 것이다.

직접 살래!

4 기업의 금전적 이익이 가장 큰 무역이다.

정답 ❸ 우리가 사용하는 자원이나 물건은 우리나라에서만 만든 게 아니에요. 우리나라에서 구할 수 없는 것은 다른 나라에서 사 와야 한답니다.

무역

다른 나라와 물건을 사고팔거나 바꾸는 일

바꿀 무 貿, 바꿀 역 易

우리가 쓰는 물건을 우리나라에서만 구하긴 어려워요. 꼭 필요하지만 우리나라에 없다면 무역을 통해서 얻어야 해요. 무역이란 다른 나라와 물건을 사고팔거나 바꾸는 일이에요.

이란이나 사우디아라비아는 석유 같은 지하자원이 풍부한 반면 기술력이 부족해요. 우리나라는 자동차 만드는 기술은 뛰어나지만 국토가 좁아 지하자원이 부족해요. 그래서 우리나라에서 나지 않는 석유는 사우디아라비아에서 사 오고, 우리나라에서 잘 만드는 자동차는 다른 나라에 팔아요. 우리나라가 다른 나라에 물건을 파는 것을 수출, 우리나라가 다른 나라에서 물건을 사 오는 것을 수입이라고 해요.

무역이 활발하게 이루어지면 시장은 넓어지고, 시장이 넓어지면 기업이 많이 생겨나 일자리가 늘어나지요. 그만큼 경제가 크게 성장할 수 있답니다.

29 퀴즈 난이도 ★☆☆
사회 기초 개념 잡기

꼭 필요하지만 우리나라에서 나지 않는
자원은 어떻게 얻을까?

1 자원이 있는 나라와 전쟁하여 빼앗는다.

2 이것저것 섞어서 어떻게든 직접 만든다.

3 자원이 있는 나라에서 사 온다.

4 자원이 나올 때까지 계속 땅을 판다.

정답 ❹ 기업 간에 경쟁이 심하면 이긴 기업만 남아 제품을 판매하게 돼요. 그러면 경쟁할 때보다 오히려 물건 값이 오르고 품질이 나빠지기도 해요. 경쟁의 단점이지요.

경쟁

같은 목적을 두고 이기거나 앞서려고 서로 겨루는 것

다툴 경 競, 다툴 쟁 爭

경쟁은 같은 목적을 두고 이기거나 앞서려고 서로 겨루는 것이에요. 비슷한 상품을 놓고 여러 기업이 경쟁하는 모습은 경제적인 측면에서 좋은 걸까요, 나쁜 걸까요? 정답부터 얘기하면 둘 다 맞아요.

기업들은 서로 더 많이 팔려고 가격을 낮추거나 계속해서 신제품을 개발하며 경쟁해요. 기업 간 경쟁으로 소비자들은 낮은 가격에 품질 좋은 제품을 살 수 있어요. 하지만 경쟁이 너무 지나치면 경쟁에서 진 기업은 사라지고, 이긴 기업만 남아 특정 제품을 판매하게 돼요. 경쟁자 없이 단 하나의 기업이 시장을 지배하는 독점 판매가 이루어져요. 독점 제품은 기업이 마음대로 가격을 정해 가격이 오르기도 하지요. 선택의 여지가 없는 소비자는 당연히 높은 가격에 살 수밖에 없고, 독점 제품의 품질, 디자인, 서비스도 나빠질 수 있지요.

이런 문제를 예방하기 위해 우리나라는 공정 거래법을 만들어 시장 가격을 규제한답니다.

28 퀴즈 사회기초개념잡기

기업끼리 경쟁했을 때 장점이 아닌 것은?

1 비슷한 물건이 많아진 덕분에 값이 내려간다.

2 더 좋은 품질의 물건을 고를 수 있다.

3 직원들의 친절한 응대로 서비스가 개선된다.

4 경쟁에서 이긴 기업이 물건 생산을 독차지한다.

정답 ❸ 마트에 가서 물건을 사고, 부모님이 회사에 다니며 급여를 받는 것은 가정에서 하는 경제 활동이에요. 하지만 도로를 새로 만드는 것은 국민 복지를 위해 정부에서 하는 경제 활동이랍니다.

경제 주체

경제 활동을 하는 주인공

다스릴 경 經, 구할 제 濟, 임금 주 主, 몸 체 體

생산, 소비, 분배 등의 경제 활동을 하는 주인공을 경제 주체라고 해요. 가계, 기업, 정부를 경제의 3대 주체라고 하는데, 각 경제 주체는 서로 긴밀하게 연결되어 나라의 경제를 움직이지요.

가계는 '가정'을 경제 활동을 하는 주체로 볼 때 부르는 말로, 회사에 가거나 가게를 운영해 돈을 벌어요. 벌어들인 돈으로 필요한 재화나 서비스를 소비하고, 정부에 세금을 내지요. 기업은 재화와 서비스를 생산하고 판매해서 돈을 벌어요. 가계에 일자리를 제공해 임금을 주기도 하고, 정부에 세금을 내지요. 정부는 가계와 기업이 낸 세금으로 국방, 복지, 교육 등에 지출하며 가계와 기업이 할 수 없는 경제 활동을 해요. 나라가 더 성장하고 국민이 풍요로운 생활을 할 수 있도록 사회 전반에 걸쳐 필요한 경제 활동을 하지요.

경제 주체로서 가계, 기업, 정부가 상호 작용하며 균형을 이루어야 나라 경제가 안정된답니다.

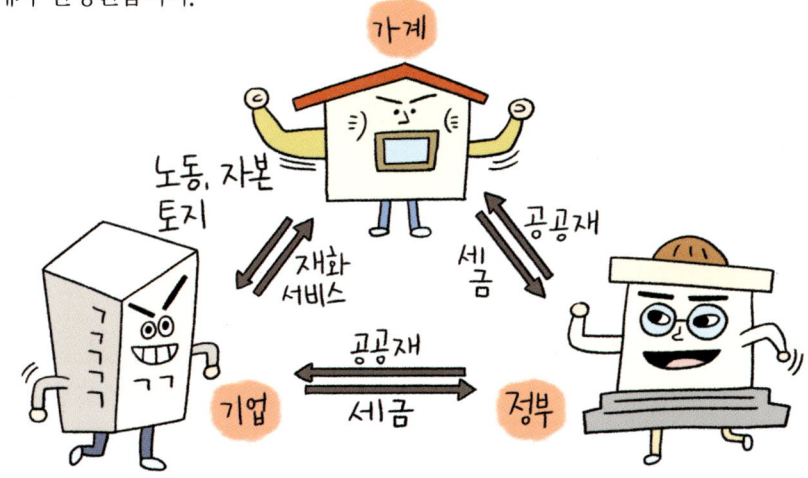

27 퀴즈

사회 기초 개념 잡기

난이도 ★★☆

가정에서 하는 **경제 활동**이 아닌 것은?

1 온 가족이 마트에 가서 장을 본다.

2 부모님이 회사에 출근하여 돈을 번다.

3 동네 도로를 새로 만든다.

4 학교 앞 문구점에서 학용품을 산다.

정답 ❸ 용돈은 한정되어 있기 때문에 한 가지를 선택했다면 다른 것은 포기해야 해요. 또한 선택한 것은 포기한 것보다 만족도가 높아야 현명한 소비를 한 거랍니다.

기회비용

어떤 선택으로 포기한 것 중 가장 큰 것의 가치

베틀 기 機, 모일 회 會, 쓸 비 費, 쓸 용 用

우리는 경제 활동을 하면서 늘 선택의 문제에 놓여요. 떡볶이를 먹을까, 라면을 먹을까? 장난감을 살까, 과자를 살까? 고민 끝에 한 가지를 선택했다면 다른 것은 포기해야 하지요. 이처럼 하나를 선택하느라 다른 것을 포기해야 할 때, 포기한 것 중 가장 큰 것의 가치를 기회비용이라고 해요. 기회비용은 자원의 희소성 때문에 생긴답니다.

지금, 이 순간에도 사람들은 수많은 선택을 해요. 과연 어떤 선택이 가장 올바른 선택일까요? 올바른 선택이란 선택한 것이 포기한 것보다 만족도가 커야 해요. 예를 들어 주어진 시간 안에 숙제와 축구 중 하나를 해야 한다고 가정해 봐요. 숙제를 선택하면 축구를 포기해야 하니 아쉬울 수 있어요. 하지만 숙제해서 부모님께 칭찬받아 만족도가 커졌다면 올바른 선택을 했다고 할 수 있어요. 선택의 문제에 놓였을 때, 기회비용을 최소화하고 만족감을 최대화하는 선택이 올바른 선택이랍니다.

26 퀴즈
사회 기초 개념 잡기
난이도 ★☆☆

떡볶이만 먹은 영이가 **포기한** 메뉴 중 가장 **비싼** 것은?

영이는 어묵, 김밥, 라면, 튀김, 떡볶이 모두 먹고 싶었지만, 용돈이 부족해서 떡볶이만 먹었어요.

메뉴판
- 어묵: 800원
- 김밥: 3,000원
- 라면: 4,000원
- 튀김: 1,000원
- 떡볶이: 5,000원

1. 어묵
2. 김밥
3. 라면
4. 튀김

정답 ④ 후추는 유럽에서 멀리 떨어진 인도가 원산지예요. 인도에서 유럽까지 후추를 가져오려면 엄청난 시간과 돈이 필요했지요. 게다가 후추를 사려는 사람은 많은데 후추 양은 턱없이 부족해서, 후추 값이 하늘 높은 줄 모르고 치솟았답니다.

희소성

인간의 욕구에 비해 충족 수단이 부족한 상태

드물 **희** 稀, 적을 **소** 少, 성질 **성** 性

다이아몬드가 빵보다 훨씬 더 비싼 이유는 빵보다 다이아몬드의 희소성이 크기 때문이에요.
희소성이란 인간의 욕구에 비해 욕구를 충족할 수단이 한정된 상태를 말해요. 인간의 욕구가 크면 희소성이 높아져 가격이 올라가고, 인간의 욕구가 작으면 희소성이 낮아져 가격이 확 내려가요. 자원의 희소성, 즉 자원이 한정되어 있기 때문에 인간은 늘 선택의 문제에 놓인답니다.
희소성은 자원마다 정해진 것이 아니라 시대, 장소, 상황에 따라 바뀌어요. 중세 시대 유럽에서는 후추가 귀해서 희소성이 높았지만, 지금은 너무 쉽게 구할 수 있어 희소성이 낮아졌어요. 또 물은 과거에는 쉽게 얻을 수 있었지만, 오늘날에는 돈 주고 사야 하므로 과거보다는 희소성이 높아졌다고 할 수 있지요.

25 퀴즈 난이도 ★★☆
사회 기초 개념 잡기

중세 유럽에서 **후추** 1알이 진주 1알보다 비쌌던 이유는?

1 후추 냄새에 혼이 나가서

2 진주조개가 너무 작아서

3 검은색을 더 좋아하던 시기라

4 후추는 유럽에서 구하기 어려워서

정답 ❸ 경제가 성장하고 올바른 경제 활동이 이루어지면 국민이 풍요롭게 생활할 수 있어요. 하지만 경제가 어려우면 국민의 삶도 힘들지요.

경제

사람이 살아가는 데 필요한 것을 생산, 소비, 분배하는 일

다스릴 **경** 經, 구할 **제** 濟

경제는 인간이 살아가는 데 필요한 것을 만들고(생산), 쓰고(소비), 나누는(분배) 일을 말해요. 오늘 아침 밥을 먹고, 비누로 세수하고, 마음에 드는 옷을 입고, 필요한 학용품을 사고, 학교에서 수업을 듣고, 급식을 먹은 일 등 **평범한 일상 속 우리가 하는 모든 활동을 경제 활동이라고 하지요.** 즉 우리의 생활 자체가 경제 활동인 셈이에요. 상품 만드는 일을 생산 활동이라 하고, 생산한 상품을 사서 쓰는 일을 소비 활동이라고 해요. 생산 활동에 대한 대가를 치르고 나누는 일은 분배 활동이라고 해요.

경제에서 생산, 소비, 분배 등의 경제 활동은 서로 밀접하게 연결되어 있기 때문에 균형을 이루어야 해요. 사람들이 소비하지 않으면 회사는 돈을 벌 수 없고, 돈을 벌지 못하면 회사는 결국 문을 닫고 생산을 멈추지요. 당연히 분배 활동도 할 수 없기 때문에 개인의 소비 활동에도 악영향을 끼친답니다.

나라의 **경제**가 중요한 이유는?

1 전 세계 사람들과 친하게 지내려고

2 자연재해를 막을 수 있어서

3 국민이 풍요롭게 생활하려고

4 문화재를 보호하려고

2장
교과서 속 경제 이야기

사람들이 생활에 필요한 물건을 만들어 내고, 일해서 돈을 벌고, 벌어들인 돈으로 사고 싶은 것을 사요. 이렇게 만들고 쓰는 인간의 모든 활동을 경제 활동이라고 해요. 경제 활동은 우리 삶에서 떼려야 뗄 수 없는 사회 활동이지요.

경제 | 희소성 | 기회비용 | 경제 주체 | 경쟁 | 무역 | 공정 무역 | 관세 | 화폐
재화와 서비스 | 환율 | 경제 체제 | 국내 총생산과 국민 총생산 | 양극화
국제 통화 기금(IMF) | 인플레이션 | 실업 | 4차 산업 혁명

1장 마무리
교과서 개념이 쏙 담긴
십자말풀이!

앞에서 배운 개념을 떠올려 봐!

가로 →

1. 국가 권력을 셋으로 나눈 제도.
5. 국가의 주인은 국민이고, 국민에게 나랏일의 결정권이 있다는 사상.
7. 세계 평화를 유지하기 위해 만든 국제기구.
9. 여러 사람이 공통 목적을 위해 일시적으로 모이는 모임.
11. 지역의 일은 지역 스스로 처리하는 제도.
12. 모든 주민이 편리하게 이용할 수 있도록 국가나 지역에서 만든 기관.

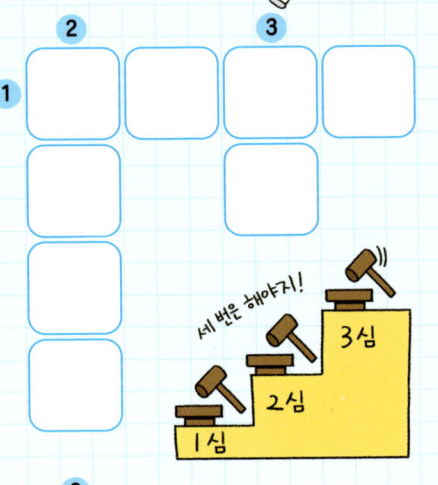

세로 ↓

2. 한 사건에 세 번까지 심판받을 수 있는 제도.
3. 끊어서 나누는 것. ○○ 된 우리나라.
4. 시민 스스로 국민의 이익과 국가 발전을 위해 만든 단체.
6. 사람이라면 마땅히 해야 할 일. 국민의 ○○.
8. 법을 만드는 국가 기관. 입법부를 가리키는 말.
10. 의견 차이나 갈등을 해결하는 행동.

정답 ❶ 일제 강점기 시절 일본이 일으킨 태평양 전쟁에는 수많은 사람이 강제로 동원되었어요. 평화의 소녀상은 이때 일본군 위안부로 끌려간 여성을 상징하지요. 일본에 위안부 문제 해결과 올바른 역사 인식을 알려 주려고 세웠어요.

위안부

전쟁 때 강제로 끌려가 일본군의 성 노예 생활을 강요당한 여성

위로할 위 慰, 편안 안 安, 여자 부 婦

우리나라는 일본이 일으킨 태평양 전쟁으로 엄청난 피해를 보았어요. 물질적 피해는 물론 수많은 젊은이가 전쟁터에 끌려가 희생되었지요. 특히 일본 군인을 위해 설치한 위안소에 우리나라 여성이 많이 끌려갔는데, 이때 성 노예 생활을 강요당하며 치욕과 고통을 받은 여성을 위안부라고 해요.

일본은 학교를 보내 주고 취업시켜 준다고 속여 우리나라 여성들을 데려가 위안부로 만들었어요. 강제로 민간인을 착취하고 성 노예로 삼은 것은 명백한 전쟁 범죄예요. 하지만 일본 정부는 지금까지도 제대로 된 사과와 배상은커녕 오히려 위안부 관련 문서를 없앴어요.

1992년부터 매주 수요일이면 일본 대사관 앞에서 일본군 위안부 문제 해결을 바라는 수요 집회가 열려요. 수요 집회 1,000회를 맞아 지난 2011년에는 일본군 위안부로 끌려간 여성을 상징하는 평화의 소녀상을 세웠지요. 소녀상 옆에는 일본군 위안부 피해 할머니들의 고통에 공감해 보자는 의미로 빈 의자가 놓여 있답니다.

일본 대사관 앞에 **평화의 소녀상**을 세운 이유는?

1 위안부 피해 등 올바른 역사를 알리려고

2 한국과 일본의 교류를 기념하려고

3 한국의 대중문화를 알리려고

4 한국 전쟁의 피해자를 추모하려고

정답 ❹ 국경일은 나라의 경사를 기념하는 날이에요. 현충일은 우리나라를 위해 희생한 분들을 추모하는 날이기 때문에 국경일이 아니라 국가 기념일이에요.

기념일

축하하거나 기억할 일이 있을 때 날을 정해 기념하는 날

벼리 **기** 紀, 생각 **념** 念, 날 **일** 日

축하하거나 기억해야 할 일이 있을 때, 해마다 잊지 않고 기념하는 날을 기념일이라고 해요. 기념일에는 생일, 결혼 기념일, 개교 기념일 등 가정이나 학교에서 정하는 기념일 외에 국가에서 정하는 기념일도 있어요. 국가의 경사를 기념하는 날인 국경일, 정부에서 정한 기념일인 국가 기념일, 국가에서 정한 휴일인 공휴일 이렇게 크게 세 가지로 구분해요.

우리나라 국경일에는 삼일절, 제헌절, 광복절, 개천절, 한글날이 있어요. 국경일 중에서 삼일절, 광복절, 개천절, 한글날은 공휴일이기도 하지요. 국가 기념일은 식목일, 어버이날, 장애인의 날, 현충일, 국군의 날 등 53종이나 돼요. 국가 기념일은 공휴일에 해당되는 날도 있지만, 대부분은 공휴일이 아니에요. 공휴일은 일요일, 선거일, 그리고 정부에서 수시로 정하는 날을 제외하면 설날, 석가탄신일, 어린이날, 추석, 크리스마스 등 15일이에요. 만약에 공휴일이 다른 휴일과 겹치면 다른 날을 대체 공휴일로 정해 쉬기도 하지요.

우리나라 국경일에 해당하지 않는 것은?

1 삼일절(3월 1일)

2 광복절(8월 15일)

3 개천절(10월 3일)

4 현충일(6월 6일)

정답 ❷ 광복 후 소련과 미국이 한반도를 둘로 나누어 통치하면서, 서로 다른 정치 이념이 들어섰어요. 1950년부터 3년간 한국 전쟁을 치른 후 한반도는 남과 북으로 갈라졌답니다.

분단

끊어서 나눈 것

나눌 **분** 分, 끊을 **단** 斷

분단은 동강이 나게 끊어서 나눈 것으로, 한반도가 휴전선을 경계로 남과 북으로 나뉜 것을 말해요.
한반도는 1945년 8월 15일 광복을 맞아 일제의 지배에서 벗어나 독립했어요. 하지만 독립이 곧바로 자주 국가 건설로 이어지진 못했어요. 제2차 세계 대전에서 승리한 미국과 소련(러시아)이 한반도에서 각자의 권리를 주장했기 때문이에요. 한반도를 남과 북으로 나누어 통치했지요.
국가를 건설하는 데 정치 이념은 매우 중요해요. 미국은 자유 민주주의 국가였고, 소련은 사회주의 국가였어요. 정치 이념이 서로 달랐지요.
결국 미국의 영향을 받은 남한에는 대한민국이, 소련의 영향을 받은 북한에는 조선민주주의인민공화국이 수립되면서 각각 다른 이념이 들어섰답니다.
1950년 6월 25일 서로 다른 정치 이념을 극복하지 못한 채 한국 전쟁이 일어났어요.
전쟁이 끝난 지금까지도 남과 북은 분단된 채 살아가고 있지요.

한반도는 왜 남한과 북한으로 분단되었을까?

1 일제 강점기에 힘이 약해서

2 정치 이념이 달라서

사회주의
자유주의

3 종교가 달라서

4 민족이 달라서

정답 ❸ 나라와 나라 사이에 분쟁이 일어나면 당사국끼리 직접 해결하기도 하지만, 국제 연합의 도움을 받아 해결하기도 해요.

국제 연합(UN)

세계 평화를 유지하기 위해 만든 국제기구

나라 **국** 國, 사이 **제** 際, 연결할 **연** 聯, 모을 **합** 合

국가 간에 교류가 많으면 좋은 영향을 미치기도 하지만, 분쟁이나 전쟁이 일어나기도 해요. 1939년부터 1945년까지 6년 동안 벌어진 제2차 세계 대전은 6,000만 명 이상의 사상자가 나왔을 정도로 끔찍한 결과를 가져왔어요. 제2차 세계 대전 이후 세계 각국은 더 이상 참혹한 전쟁이 일어나서는 안 된다는 데 뜻을 모았지요.

국제 연합(UN, United Nations)은 국가 간에 일어나는 분쟁을 해결하고 전쟁을 방지해, 세계 평화를 유지하기 위해 만든 국제기구예요.

국제 연합은 우리나라를 비롯해 190여 개국이 가입했어요. 주로 국제 평화 유지, 군비 축소, 국제 협력 등의 활동을 펼치지요. 우리나라도 1950년 한국 전쟁이 일어났을 때 국제 연합의 도움을 받아 위기를 넘겼답니다.

전쟁이나 분쟁이 생겼을 때 중재하는 곳은?

1 군사력이 제일 강한 나라

2 교황이 있는 교황청

3 많은 나라가 모여 의논하는 국제 연합

4 왕이 있는 나라

정답 ① 다른 나라와 관계를 맺고 서로 도움을 주고받는 일을 외교라고 해요. 고려의 외교관으로 나선 서희가 고려를 침입한 거란과 당당히 맞서 담판을 지었다 하여 담판 외교라고 하지요.

외교

다른 나라와 관계를 맺는 일

바깥 외 外, 사귈 교 交

친구와 좋은 관계를 유지하려면 서로 아끼고 도와야 하는 것처럼 나라와 나라끼리 좋은 관계를 유지하려면 서로 도움을 주고받아야 해요. 외교란 다른 나라와 정치, 경제, 문화 관계를 맺는 일이에요. '외국과 하는 교제'를 줄인 말이지요.

우리나라는 1949년에 대만, 미국, 영국, 프랑스, 필리핀 5개국을 시작으로, 2022년까지 총 191개국과 외교 관계를 맺었어요. 많은 나라와 좋은 관계를 맺고 도움을 주고받는 것은 매우 중요해요. 그래서 정부는 외교부를 설치하여 외교 업무를 맡기지요. 외교부는 관련 기관인 재외 공관을 외국에 설치하여 외교는 물론 외국에 사는 우리나라 국민을 보호하고 지원한답니다.

우리나라가 서양에 처음으로 파견한
외교 사절단 보빙사(1883년)

19 퀴즈

사회기초개념잡기

난이도 ★★☆

거란과 담판을 벌인 **서희**가 한 일을 뜻하는 사회적 용어는?

정답 ④ 대한민국은 한 사건에 대해 세 번까지 재판받을 수 있도록 규정하고 있어요. 판결 결과가 억울하면 다시 재판을 신청할 수 있답니다.

삼심 제도

한 사건에 대해 심판을 세 번 받을 수 있는 제도
석 삼 三, 살필 심 審, 절제할 제 制, 법도 도 度

한 사건에 대해 심판을 세 번 받을 수 있는 제도를 삼심 제도라고 해요. 판사가 아무리 공정하게 판결하려 해도 실수하거나 잘못 판단할 수 있기 때문에 억울한 사람에게 다시 재판받을 기회를 주는 거예요.

판결이 억울해 상급 법원에 다시 재판을 청구하는 것을 상소라고 하는데, 항소와 상고로 구분해요. 항소는 1심 판결이 억울해 2심 재판을 청구하는 일이고, 상고는 2심 법원에서도 판결이 억울해 3심 재판을 청구하는 일이지요. 1심에서 3심까지 가다 보면 판결이 달라지기도 해요.

삼심 제도는 공정한 재판을 위해 꼭 필요한 제도예요. 물론 모든 재판이 세 번까지 가는 건 아니에요. 특허나 상표와 관련한 재판은 2심 제도, 선거와 관련한 재판은 단심 제도를 채택한답니다.

우리나라는 한 사건에 대해 몇 번까지 재판받을 수 있을까?

1 0번. 무조건 따라야 한다.

2 1번

3 2번

4 3번

정답 ❷ 국가를 운영하는 데 필요한 가장 기본이 되는 법이 헌법이에요. 그래서 헌법을 '최고의 법'으로 부르기도 한답니다.

헌법

국가 통치에 가장 기본이 되는 법

법 헌 憲, 법 법 法

국가는 국민이 안전하고 편안하게 살기 위해 법을 만들어요. 국민이라면 누구나 법을 지켜야 하지요. 법 중에서도 국가를 통치하는 데 가장 기본이 되는 법을 헌법이라고 해요.

우리나라의 헌법은 총 10장과 부칙으로 되어 있으며, 민주주의 실현과 국민의 권리와 의무, 국가 주요 기관을 운영하는 기본 원칙 등을 담고 있어요. 헌법을 바탕으로 세부 법을 만들어 국가 운영에 활용하지요. 모든 법은 헌법을 기본으로 하기에 제정된 법이 헌법의 내용을 벗어나면 헌법 재판을 열어 법을 바꾸기도 해요.

우리나라 헌법은 대한민국 정부의 출범과 함께 제정되었어요. 1948년 5월 10일 대한민국 최초의 총선거에서 국회 의원이 선출되어 제헌 국회를 구성했어요. 제헌 국회는 헌법을 만들어 7월 17일 우리나라 최초의 헌법을 공포했지요. 7월 17일은 법을 만든 날이라 하여 제헌절로 정해 매년 기념한답니다.

17 퀴즈

난이도 ★★☆

사회 기초 개념 잡기

어떤 법에 대한 설명일까?

국가를 이끄는 가장 근본이 되는 법이다.

국민의 권리와 의무가 함께 담겨 있다.

우리나라에서는 7월 17일에 태어났다.

바꾸려면 국민 투표를 해야 한다.

1 청소년 보호법

2 헌법

3 교통 법규

4 지방 선거법

정답 ❹ 중앙 정부가 나라 곳곳의 모든 일을 도맡을 수는 없어요. 지방에서 일어나는 일은 각 지방의 살림을 맡아보는 시청과 도청, 시의회와 도의회가 처리한답니다.

지방 자치

지역 안에서 일어나는 일은 지역 대표를 통해 처리하는 제도

땅 **지** 地, 모 **방** 方, 스스로 **자** 自, 다스릴 **치** 治

지방 자치는 지역 내에서 일어나는 일이라면 각 지역이 스스로 처리하는 제도를 말해요. 나라 살림을 중앙 정부 혼자 처리할 수 없으니, 지방 정부가 지역 실정에 맞게 각 지역의 살림을 맡아 스스로 해결하는 거예요. 지역민이 지방 선거를 통해 뽑은 대표와 함께 지역 문제를 해결하기 때문에 민주 정치를 실현할 수 있답니다.

중앙 정부의 국회처럼, 지방에도 지역 실정에 맞는 법을 만드는 도의회와 시의회가 있어요. 또 나라의 살림을 맡아보는 도청과 시청도 있지요. 지방 자치 덕분에 중앙 정부가 해야 할 일이 지방 정부로 분산되고, 지역 실정을 잘 아는 지역 주민과 지역 대표의 정치 참여로 나라를 더욱 효율적으로 운영할 수 있어요.

16 퀴즈

난이도 ★★☆

사회 기초 개념 잡기

집 앞 하천을 깨끗하게 만들려면 어디에 요구해야 할까?

1 대통령에게 손 편지를 예쁘게 써서 보낸다.

2 경찰서에 찾아가서 알린다.

3 학급 회의 때 안건으로 올린다.

4 우리 지역 시청에 건의한다.

정답 ❸ 정의의 여신상이 눈을 가린 이유는 정의를 실현할 때 어느 쪽으로도 기울지 않고 공평하게 판단하겠다는 표현이에요. 하지만 우리나라 대법원에 있는 정의의 여신상은 눈가리개 없이 눈을 뜬 채 저울과 법전을 들고 있답니다.

법원

법에 따라 분쟁을 해결하고 재판하는 국가 기관

법 法, 집 원 院

사람들 사이에 갈등이 생겼을 때 어느 한쪽의 잘못이 분명할 때도 있지만, 간혹 누구 잘못인지 판단하기 어려울 때가 있어요.
사건의 원인과 결과를 제대로 파악하고, 법에 따라 분쟁을 재판하는 국가 기관이 바로 법원이에요. 법을 맡은 부서라서 사법부라고도 하지요.
대한민국 국민이라면 누구나 우리나라 헌법을 따라야 하고, 무슨 일이 생겼을 때 법에 따라 재판을 요구할 권리가 있어요. 법원은 공정한 재판을 통해 사회 질서를 유지하고 국민의 행복을 지켜야 할 의무가 있답니다.

퀴즈 15
사회 기초 개념 잡기
난이도 ★★★

정의의 여신상이 눈가리개로 눈을 가린 이유는?

1 안 봐도 알 정도로 능력 있어서

2 햇빛이 눈부셔서

3 어느 쪽에도 기울지 않고 공평하게 판단하려고

4 아무것도 안 보고 아무 말도 하지 않으려고

정답 ❷ 대통령에게 갑작스러운 사고가 생기거나 외국을 순방할 때는 국무총리가 대통령의 권한과 책임을 이어받아요.

정부

국가 살림을 맡아보는 국가 기관

정사 정 政, 마을 부 府

정부는 넓은 의미로는 입법부, 사법부, 행정부 등 나랏일을 처리하는 삼권 모두를 가리키지만, 우리나라에서 정부는 좁은 의미로 국가 살림을 맡아보는 행정부를 가리켜요. 정부의 최고 우두머리는 대통령이기 때문에 대통령 이름 뒤에 정부라는 말을 붙여, '노무현 정부', '윤석열 정부'처럼 쓰여요. 정부는 국민 생활과 관련한 여러 가지 일을 처리해요. 국민을 안전하게 보호하고, 국가 운영에 필요한 정책을 세워 실행할 뿐 아니라 도로나 댐, 학교 등 공공시설을 건설하고 관리해요. 국회의 법률을 거부하거나 대법원장을 임명하는 권한을 행사하며 입법부와 사법부를 견제하기도 한답니다.

40

14 퀴즈 난이도 ★★☆
사회 기초 개념 잡기

갑자기 대통령에게 무슨 일이 생기면 나랏일은 누가 대신할까?

1 투표를 다시 해서 뽑은 대통령

2 행정부의 2인자인 국무총리

3 법을 잘 아는 대법원장

4 국회 의장

정답 ❹ 외교 활동은 행정부 소속인 외교부에서 해요. 국회 의원은 법을 제정하는 입법부 소속이랍니다.

국회

국민이 뽑은 국회 의원이 모여 법을 만드는 기관

나라 **국** 國, 모일 **회** 會

국회는 입법부, 즉 법을 만드는 국가 기관이에요. 국민의 대표로 뽑은 국회 의원 300명이 모여 일하는 곳이지요. 국회는 법을 만드는 일뿐 아니라 국가 운영에 필요한 예산을 결정하고, 정부가 성실하게 일을 잘하는지 감시하기도 해요.

만약 우리 사회에 법이 없다면 옳고 그름을 판단하는 기준이 사라져 혼란에 빠질 거예요. 힘 있는 사람이 더 많은 자유와 권리를 얻으려고 힘없는 사람을 짓밟을지도 몰라요. 따라서 사회 질서를 유지하고 국민이 편안하게 생활하려면 법을 만들고 지키는 일이 꼭 필요하답니다.

13 퀴즈 난이도 ★★★
사회기초개념잡기

국회 의원이 하는 일이 아닌 것은?

1 국민의 요구에 따라 법을 만든다.

2 행정부가 일을 잘하는지 감시한다.

3 나랏돈을 어디에 쓸지 정한다.

4 다른 나라 장관과 만나서 외교 활동을 한다.

정답 ❷ 국가의 중요한 일은 여러 기관이 나누어 맡아 그때그때 합리적인 방향으로 문제를 해결해야 국가가 유지될 수 있어요.

삼권 분립

국가 권력을 셋으로 나눈 제도
석 삼 三, 권세 권 權, 나눌 분 分, 설 립 立

삼권 분립은 국가 권력을 입법부(국회), 행정부(정부), 사법부(법원) 삼권으로 나누어 운영하는 정치 형태를 말해요.
국가 권력이 어느 한 사람에게 집중된다면 권력을 거머쥔 사람은 독재자가 되어 국민의 권리와 자유를 빼앗을 수도 있어요. 그래서 국가의 권력이 균형을 이룰 수 있는 제도적 장치가 필요하지요.
입법부라고 불리는 국회는 법을 만들고, 행정부라고 불리는 정부는 나라 살림을 꾸려 나가요. 사법부라고 불리는 법원은 사회에서 일어난 분쟁이나 갈등을 법 테두리 안에서 심판해요. 세 기관은 권력이 어느 한 기관에 집중되지 않도록 서로 견제하고 협조하며 국가의 안녕과 질서를 도모한답니다. 그래야 민주주의가 실현되고 국가가 발전할 수 있으니까요.

12 퀴즈 난이도 ★★☆
사회 기초 개념 잡기

국가에 중요한 일이 일어나면 어떻게 결정할까?

1 대통령 마음대로

2 권한이 있는 기관별로 나눠서

3 법원에서 법으로

4 매번 국민에게 물어보고

정답 ❹ 법을 어긴 사람을 법으로 처벌하는 권한은 대통령이 아닌 사법부 판사에게 있답니다.

대통령

국가를 대표하는 최고 지도자

클 **대** 大, 거느릴 **통** 統, 거느릴 **령** 領

대통령은 국가를 대표하는 사람이에요. 행정부 최고 책임자로서 나랏일을 결정할 수 있는 최고 권력과 책임이 있지요.

현대 사회에서 나라를 대표하는 인물이 대통령이라면 과거에는 왕이었어요. 왕은 핏줄로 이어지지만, 대통령은 국민이 직접 투표를 통해 뽑는다는 점에서 차이가 있지요.

대통령은 5년마다 국민의 투표로 뽑아요. 대통령이 되면 국가와 국민을 대표하고, 나라 살림을 맡은 행정부의 수장으로서 중요한 일을 한답니다.

11 퀴즈

사회 기초 개념 잡기 / 난이도 ★★☆

대통령이 하는 일이 아닌 것은?

1 나라의 중요 정책 결정하기

2 일본 총리와 외교 활동하기

3 전쟁이 났을 때 군대 지휘하기

4 범죄자를 법으로 처벌하기

정답 ❸ 민주주의 국가에서는 다양한 의견을 한데 모을 때 투표로 의사 결정을 해요. 하지만 파괴된 생태계 해결 문제는 전문가의 의견을 따르는 것이 더 효과적이랍니다.

투표

자기 뜻을 투표용지에 표시하여 지정된 곳에 내는 일

던질 투 投, 표 표 票

투표란 선거를 하거나 어떤 일을 결정할 때 투표용지에 자기 뜻을 표시하여 투표함과 같은 지정된 곳에 내는 일을 말해요. 민주주의 사회에서 의사 결정을 할 때 가장 효율적으로 쓰이는 방법이지요.

투표를 통해 다양한 의견을 하나로 모아서 많은 사람이 찬성한 의견에 따르는 의사 결정 방식을 다수결이라고 해요. 다수결로 결정하는 방법이 항상 옳기만 한 것은 아니어서 때로는 소수가 불이익을 받기도 해요. 그래서 어떤 일을 결정할 때는 소수 의견에도 귀 기울여 모두 만족할 수 있는 방향으로 나아가려고 노력해야 한답니다.

10 퀴즈 난이도 ★★★

사회 기초 개념 잡기

투표로 결정하기에 적절하지 않은 내용은?

1 우리 반 회장을 뽑을 때

2 점심시간에 강당 사용 방법을 정할 때

3 생태계 파괴 문제를 해결할 때

4 우리나라 대통령을 정할 때

> **정답 ❷** 비정부 기구는 인류 공통의 문제인 의료 지원이나 자연 보호처럼 같은 목적을 가진 사람들이 모여 만든 단체랍니다.

비정부 기구(NGO)

정부 간의 협정이 아닌, 민간인들의 국제 협력으로 설립한 조직

아닐 비 非, 정사 정 政, 관청 부 府, 베틀 기 機, 얽을 구 構

비정부 기구(NGO : Non-Governmental Organization)는 어떤 정부와도 관계하지 않고 민간인들 스스로 설립하여 국제적으로 활동하는 민간 단체를 말해요. 엔지오라고도 불리는 비정부 기구는 국적, 인종, 나이에 상관없이 의료 지원, 자연 보호, 아동 인권 보호 같은 인류 공통 문제에 관심이 있다면 누구나 가입할 수 있어요. 세계 모든 사람이 참여할 수 있는 시민 단체지요. 대표적인 비정부 기구에는 환경 보호 단체 '그린피스', 의료 지원 단체 '국경 없는 의사회', 아동 인권 보호 단체 '유니세프' 등이 있어요.

비정부 기구는 정치적인 이유로 정부가 활동하지 못할 때 자유롭게 나서서 문제를 해결하기도 해요. 직접 시위나 지원을 하기도 하고 TV 등 방송에서 캠페인을 벌여 사람들에게 문제를 알리기도 해요. 특정 나라나 개인의 이익이 아니라, 지구와 인류를 위해 활동하는 비정부 기구 덕분에 무분별한 자연 파괴가 줄어들고, 굶어 죽거나 병들어 죽는 사람이 많이 줄었답니다.

비정부 기구를 설명한 내용으로 알맞은 것은?

1. 여러 나라의 지원을 받는다.

2. 의료 지원, 자연 보호 등 목적이 같은 사람들이 모였다.

3. 성인만 가입할 수 있다.

4. 여러 나라 사람과 친목을 다지려고 만들었다.

정답 ❶ 시민 단체는 개인의 이익을 넘어 사회 전체의 이익과 국가 발전을 위해 활동해요. 기업이나 국가가 국민의 안전을 고려하지 않고 강행하는 환경 문제도 적극 발 벗고 나선답니다.

시민 단체

시민들이 사회 구성원 모두의 이익과 국가 발전을 위해 만든 단체

시장 **시** 市, 백성 **민** 民, 둥글 **단** 團, 몸 **체** 體

시민 단체는 시민들이 사회 구성원 모두의 이익과 국가 발전을 위해 스스로 만든 단체예요. 환경, 교육, 복지, 정치 등 매우 다양한 분야에서 활동해요. 정부가 산과 하천을 도로나 댐으로 개발하겠다고 발표하면, 시민 단체는 국토 개발이 환경에 끼치는 영향을 검증해서 환경을 보전하는 방안을 찾으려고 노력해요.

시민 단체는 정부가 섣불리 나서지 못하는 일을 해결하기도 해요. 시민 단체 '반크'는 해외에 한국 이미지를 올바르게 홍보하고자 1999년에 누리꾼들이 만든 사이버 외교 사절단이에요. 특히 일본이 억지를 부리는 독도 문제와 위안부 문제, 중국이 왜곡하는 문화 공정 등 역사 왜곡에 반박해요. 우리 역사 바로 알기 홍보 자료를 제작해 전 세계에 배포하고, 다양한 캠페인을 전개한답니다.

시민 단체가 원전 폐쇄를 외치며 집회를 하는 이유는?

 1. 모두의 안전을 위해 원전을 없애려고

 2. 원전을 없애고 새 건물을 지으려고

 3. 원전을 없애고 보상받으려고

 4. 방송에 나와서 이름을 알리려고

정답 ❷ 민주주의에서 집회는 의견을 나타내는 방식 중 하나이므로 대중이 불편을 좀 겪게 되더라도 허용된 범위 안에서 한다면 잘못된 행동은 아니랍니다.

집회

여러 사람이 공통 목적을 위해 일시적으로 모이는 모임

모을 집 集, 모일 회 會

집회는 여러 사람이 같은 목적을 이루려고 일시적으로 모이는 거예요. 혼자가 아니라 같은 뜻을 가진 사람이 여럿일 때 집회를 열 수 있어요.

민주주의 사회에서는 모든 국민에게 표현의 자유가 있기 때문에 법을 지키는 선이라면 자유롭게 집회를 열고 시위할 수 있어요. 집회를 통해 자신의 의견과 다르거나 잘못되었다고 생각하는 사회 문제를 정부나 기업, 다른 사람들에게 전달하려는 거예요. 많은 사람이 관심을 기울이면 더 빠르고 원만하게 해결할 수 있기 때문이지요.

따라서 집회가 열릴 때 나와 관련 없는 문제라고 모른 척하지 말고 왜 집회가 열렸는지 한 번쯤 생각해 보는 자세가 필요해요. 사회에서 일어나는 모든 일은 서로 연결되어 있으니까요.

07 퀴즈 _{난이도 ★★☆}
사회 기초 개념 잡기

집회에 대한 설명 중 잘못된 것은?

1 누구나 자유롭게 집회를 할 수 있다.

2 집회는 타인에게 불편을 주는 잘못된 행동이다.

3 문제를 널리 알리고 해결하기 위해서 한다.

4 정부는 집회를 못하게 막을 수 있다.

정답 ❹ 우리는 모두 자유롭게 행동할 권리가 있어요. 하지만 다른 사람에게 피해를 주거나 지켜야 할 의무를 어기면서 나의 권리를 행사하면 안 돼요.

권리와 의무의 관계

대한민국 국민이라면 누구나 누려야 할 권리와 마땅히 지켜야 할 의무가 있어요. 헌법에는 근로, 교육, 환경 보전, 재산권 행사와 같이 개인과 국가 모두에게 중요한 것을 권리인 동시에 의무로 정했어요. 즉 모든 국민은 일할 권리와 의무가 있고, 교육받을 권리와 의무가 있으며, 건강하고 쾌적한 환경에서 생활할 권리와 함께 환경 보전을 위해 노력해야 할 의무가 있지요. 또한 재산권을 행사할 권리와 의무도 있답니다.

때로 권리와 의무 중 어느 한쪽을 강조해 서로 충돌하기도 하는데, 권리와 의무가 균형을 이루는 것이 중요해요. 지난 2019년 코로나19 확산 방지를 위해 정부가 마스크 착용과 사회적 거리 두기 등 방역 수칙을 내놓자, 문제가 생겼어요. 한쪽에서는 자유권을 내세워 마스크 착용에 반대하고, 다른 한쪽에서는 모든 국민이 건강하고 안전한 환경을 만들려면 불편해도 방역 수칙을 따르면서 환경 보전의 의무를 지켜야 한다며 반격했지요. 결국 정부는 국민의 건강과 안전을 위해 자유권을 제한하고 방역을 강화했어요. 무엇이 더 중요한지 합리적으로 판단해 문제를 해결하려고 노력했지요. 덕분에 코로나19 사태로 힘든 시기를 잘 넘겼답니다.

06 퀴즈

난이도 ★☆☆

사회 기초 개념 잡기

나의 권리에 대해 잘못 이해한 친구는?

1 내 집이라도 아래층을 생각해 사뿐사뿐 걸어야 해.

2 마스크 쓰면 답답하지만, 모두의 안전을 위해 써야 해.

3 소풍 가서 생긴 쓰레기는 환경을 위해 다시 가져와야 해.

4 수학 시간이지만 이미 아는 거니까 영어 숙제를 해도 돼.

정답 ❸ 종교는 개인이 원하면 정해서 믿을 수 있지만, 원하지 않는다면 꼭 믿어야 하는 것은 아니랍니다.

국민의 의무

모든 국민이 마땅히 지켜야 할 일

나라 **국** 國, 백성 **민** 民, 옳을 **의** 義, 힘쓸 **무** 務

인간이 마땅히 지켜야 할 일을 의무라고 해요. 국가가 유지되고 발전하기 위해 국민으로서 반드시 지켜야 할 일은 국민의 의무라고 하지요.

대한민국 헌법으로 정한 국민의 의무에는 납세, 국방, 교육, 근로, 환경 보전, 공공복리에 적합한 재산권 행사의 의무가 있어요. 우리가 국민으로서 지켜야 할 의무를 잘 지켜야 국민의 권리도 제대로 보장받을 수 있답니다.

납세의 의무	국방의 의무	교육의 의무	근로의 의무
세금을 내야 할 의무	나라를 지켜야 할 의무	교육받을 의무	일해야 할 의무

환경 보전의 의무	공공복리에 적합한 재산권 행사의 의무
환경을 보전해야 할 의무	재산권을 공공복리에 적합하게 행사할 의무

05 퀴즈 난이도 ★☆☆
사회 기초개념 잡기

대한민국 국민의 의무가 아닌 것은?

1 어른이 되면 열심히 일해야 한다.

2 학생은 학교에 다니며 공부해야 한다.

3 종교를 정해서 믿어야 한다.

4 자연을 보호해야 한다.

정답 ❶ 대한민국 국민이라면 누구나 5가지 기본권이 있어요. 평등권, 자유권, 참정권, 청구권, 사회권이지요. 그중 평등권은 가장 기본이 되는 가치이자 권리랍니다. 모든 국민은 법 앞에서 평등해야 하니까요.

국민의 권리

헌법으로 정한 국민의 기본 권리

나라 **국** 國, 백성 **민** 民, 권세 **권** 權, 이로울 **리** 利

어떤 일을 당연히 하거나 누리는 힘을 권리라고 해요. '국민의 권리'란 국민으로서 마땅히 누려야 할 권리를 말하지요.

우리나라 국민이라면 누구나 평등권, 자유권, 참정권, 청구권, 사회권이 있어요. 기본권은 대한민국 헌법으로 보장하기 때문에 국가가 함부로 침해할 수 없답니다.

평등권	자유권	참정권
성별, 종교, 사회적 신분에 상관없이 법 앞에서 평등할 권리	국가나 타인의 간섭 없이 자유롭게 행동할 권리	일정한 나이가 되면 정치에 참여할 권리

청구권	사회권
기본권을 보장받기 위해 국가에 요청할 권리	인간다운 생활을 하기 위해 국가에 요구할 권리

04 퀴즈

사회 기초 개념 잡기 난이도 ★★☆

기본권 중에서 가장 우선시하는 권리는?

1 평등권

2 자유권

3 참정권

4 사회권

정답 ❷ 우리나라가 일제 강점기에서 해방된 후 나라의 이름을 정할 때, 대한 제국에서 황제를 뜻하는 '제'를 국민을 뜻하는 '민'으로 바꿔 대한민국으로 정했어요. 국민이 나라의 주인이라는 뜻이 담겨 있답니다.

민주주의

모든 국민이 자유롭고 평등하게 의사결정에 참여하는 정치 방식

백성 민 民, 주인 주 主, 주인 주 主, 옳을 의 義

민주주의란 국가의 주인은 국민이니, 나랏일을 결정하는 권리 또한 국민에게 있다는 사상이자 정치 방식이에요. 대한민국 헌법에도 '대한민국은 민주 공화국이며, 대한민국 주권은 국민에게 있고, 모든 권력은 국민에게서 나온다.'고 있어요.

모든 국민은 국가의 주인으로서 자유롭고 평등하다는 생각을 바탕으로 인간의 존엄성을 실현하는 것이 민주주의의 목표랍니다.

03 퀴즈

사 회 기 초 개 념 잡 기

난이도 ★☆☆

대한민국이라는 이름은 어디에서 유래했을까?

1 세종대왕이 훈민정음에서 '대한민국'이라 불렀다.

2 황제가 다스리던 '대한 제국'에서 국민이 주인인 '대한민국'으로 바뀌었다.

3 우리나라 첫 번째 대통령의 이름을 따서 지었다.

4 큰 나라를 만들겠다는 뜻으로 고종이 지었다.

17

정답 ❷ 우리나라 근대의 공공 기관 중 가장 먼저 생긴 기관은 우정총국이에요. 1884년에 한양(서울)에 세운 우정총국은 지금의 우체국처럼 우편 업무를 보았답니다.

공공 기관

모든 주민이 편리하게 이용할 수 있도록 국가나 지역에서 만든 기관

공평할 공 公, 함께 공 共, 틀 기 機, 빗장 관 關

공공 기관은 개인이 아니라 주민 모두가 편리하게 생활하도록 국가나 지역 사회에서 만들어 운영하는 곳이에요. 구청이나 시청을 비롯해 불이 났을 때 달려오는 소방서, 치안 문제를 맡은 경찰서, 학생을 가르치는 학교, 아픈 사람을 치료하는 병원 등이 있어요. 공공 기관은 주민 누구나 편리하게 이용할 수 있고, 생활 속에서 일어나는 크고 작은 문제를 해결해 주는 곳이지요. 하지만 모든 사람이 편리하게 이용할 수 있다고 해서 모두 다 공공 기관은 아니에요. 개인이나 기업의 이익을 위해 만든 카페, 편의점, 서점, 백화점 등은 공공 기관이라고 하지 않는답니다.

02 퀴즈 난이도 ★☆☆
사회 기초 개념 잡기

근대에 세운 **공공 기관** 중에서 가장 먼저 세운 것은?

1 경찰서

2 우체국

3 소방서

4 병원

정답 ❶, ❷, ❸, ❹ 아무리 영혼의 단짝이라도 항상 의견이 같을 수는 없어요. 의견이 다를 때 서로 조금씩 양보하여 의견을 하나로 모으는 활동은 모두 정치랍니다.

정치

사람들 사이에서 나타나는 의견차이나 갈등을 해결하는 활동

정사 정 政, 다스릴 치 治

정치란 사람 사이의 견해차나 갈등을 원만하게 해결하거나 국가의 여러 문제를 해결하는 활동을 말해요. 정치가 나랏일을 하는 것도, 친구와 의견을 나누고 문제를 해결하는 것도 모두 정치라고 할 수 있지요.

가정, 사회, 국가, 세계 등 다양한 형태의 집단이 모여 사는 세상에서 사람들이 어울리다 보면 이런저런 갈등이 생길 수밖에 없어요. 갈등의 크기가 어떻든 모든 사람이 조화롭게 살려면 정치가 필요하답니다.

갈등이 생겼을 때 구성원이 적다면 이견을 조율하면 되지만, 국가 단위의 큰 집단이라면 모든 사람의 의견을 한데 모으기 어려워요. 그래서 우리가 성인이 되면 선거를 통해 국민을 대표할 국회 의원이나 대통령을 뽑아 간접적으로 정치 활동을 하지요.

정치가 필요한 상황은?

1 층간 소음을 겪을 때

2 먹고 싶은 메뉴가 다를 때

3 쓰레기 매립지를 정할 때

4 공부 시간을 정할 때

1장
교과서 속 정치 이야기

사람들이 여러 집단 안에서 서로 돕거나 경쟁하며 살아가다 보면 의견이나 생각이 달라 다투기도 하고 갈등이 생기게 마련이에요. 갈등을 해결하고 조화롭게 살아가려면 정치가 필요하지요.

정치 | 공공 기관 | 민주주의 | 국민의 권리 | 국민의 의무 | 권리와 의무의 관계 | 집회
시민 단체 | 비정부 기구(NGO) | 투표 | 대통령 | 삼권 분립 | 국회 | 정부 | 법원 | 지방 자치
헌법 | 삼심 제도 | 외교 | 국제 연합(UN) | 분단 | 우리나라 기념일 | 위안부

4장 교과서 속 사회·문화 이야기

- **61** **인도 사람**이 **손**으로 하지 않는 행동은? 문화 ········ 139
- **62** **팥죽**은 왜 **추운 겨울**에 먹을까? 세시 풍속 ········ 141
- **63** **창작품**의 **저작권**은 언제 **소멸**할까? 저작권 ········ 143
- **64** **스마트폰**으로 할 수 있는 일을 모두 고르면? 디지털 리터러시 ········ 145
- **65** 인터넷상에서 **내 정보**를 **보호**하는 방법이 아닌 것은? 개인 정보 보호 ········ 147
- **66** **북한**에서 **탈출**한 사람이 남한으로 오면 어떻게 될까? 탈북민 ········ 149
- **67** 한국에 이민 온 **외국인**을 대하는 태도로 잘못된 것은? 다문화 사회 ········ 151
- **68** 우리나라의 **세계 유산**이 아닌 것은? 세계 유산 ········ 153
- **69** **소수자**가 아닌 사람은? 소수자 ········ 155
- **70** 할아버지에게 자리를 **양보**하지 않았을 때 일어날 수 있는 일이 아닌 것은? 법과 도덕 ········ 157
- **71** 사람으로 태어나 당연히 누리는 **권리**가 아닌 것은? 인권 ········ 159
- **72** **독도**가 우리 땅인 이유를 모두 고르면? 독도 ········ 161
- **73** 시골 학교에 유독 **스쿨버스**가 많은 이유는? 복지 ········ 163
- **74** 올림픽이나 월드컵 같은 **세계 체육 대회**를 여는 이유는? 스포츠 교류 ········ 165
- **75** 학교 앞 도로에서 **자동차 속도**를 제한하는 이유는? 어린이 보호 구역 ········ 167
- **76** **양성평등** 사회를 만들기 위해 노력해야 할 일이 아닌 것은? 양성평등 ········ 169
- **77** SNS, 게임 같은 **가상 세계의 장점**은? 메타버스 ········ 171

쌤이 뽑은 교과서 개념 퀴즈 173

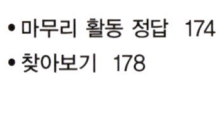

- 마무리 활동 정답 174
- 찾아보기 178

3장 교과서 속 지리 이야기

- ㊷ **지리**를 공부하는 이유는? 지리 …… 99
- ㊸ **중심지**를 결정하는 기준은? 중심지 …… 101
- ㊹ 우리나라 **위도**와 **경도**의 기준점이 되는 도시는? 위도와 경도 …… 103
- ㊺ 해외 여행을 갈 때 공항에서 **여권**에 출입국 도장을 찍는 이유는? 영역 …… 105
- ㊻ 왜 경상도, 경기도, 전라도 등으로 **지역**을 나누었을까? 행정 구역 …… 107
- ㊼ **도시**가 생기기 좋은 조건 두 가지를 고르면? 지형 …… 109
- ㊽ **날씨**와 **기후**의 차이는? 날씨와 기후 …… 111
- ㊾ 많은 비와 강한 바람으로 피해를 주는 **자연재해**는? 자연재해 …… 113
- ㊿ **수도권**이 되는 기준은? 수도권 …… 115
- ㈜ **위성 도시**를 만드는 이유는? 위성 도시 …… 117
- ㈝ **과거**와 **현재**의 강화도 지도에서 잘못 설명한 것은? 국토 개발 …… 119
- ㈞ 우리나라 **초등학교**에 빈 교실이 늘어난 이유로 알맞은 것은? 저출산과 고령화 … 121
- ㈟ 지구는 **몇** 개의 **대륙**으로 나뉠까? 대양과 대륙 …… 123
- ㈠ **특산물**이 아닌 것은? 특산물 …… 125
- ㈢ 추운 **2월**에 **호주**로 여행 가면서 삼촌이 얇은 옷만 챙긴 이유는? 북반구와 남반구 …… 127
- ㈣ **세계 지도**에 대한 설명으로 틀린 것은? 지도 …… 129
- ㈤ **지구의 온도**가 1.5도 올라간다면 지구는 어떻게 될까? 지구 온난화 …… 131
- ㈥ **환경**을 생각하지 않고 **발전**만 한다면 어떻게 될까? 녹색 성장 …… 133
- ㈦ **친환경 에너지**가 아닌 것은? 친환경 에너지 …… 135

교과서 개념이 쏙 담긴 십자말풀이 137

2장 교과서 속 경제 이야기

- ㉔ 나라의 **경제**가 중요한 이유는? 경제 ········· 61
- ㉕ 중세 유럽에서 **후추** 1알이 진주 1알보다 비쌌던 이유는? 희소성 ········· 63
- ㉖ 떡볶이만 먹은 영이가 **포기한** 메뉴 중 가장 **비싼** 것은? 기회비용 ········· 65
- ㉗ 가정에서 하는 **경제 활동**이 아닌 것은? 경제 주체 ········· 67
- ㉘ 기업끼리 **경쟁**했을 때 장점이 아닌 것은? 경쟁 ········· 69
- ㉙ 꼭 필요하지만 우리나라에서 나지 않는 **자원**은 어떻게 얻을까? 무역 ········· 71
- ㉚ **공정 무역**에 대한 설명 중 틀린 것은? 공정 무역 ········· 73
- ㉛ **외국 제품**을 우리나라에 들여올 때 세금을 내는 이유는? 관세 ········· 75
- ㉜ **돈**을 만들기 전에 사람들이 돈 대신 사용한 물건은? 화폐 ········· 77
- ㉝ **돈**으로 사용할 수 있는 것 중에서 종류가 다른 하나는? 재화와 서비스 ········· 79
- ㉞ 나라마다 **화폐 가치**가 다른 이유는? 환율 ········· 81
- ㉟ **북한**에서 개인이 땅을 가지지 못하는 이유는? 경제 체제 ········· 83
- ㊱ 손흥민 선수가 영국에서 받는 연봉은 **국내 총생산**에 포함될까?
  국내 총생산과 국민 총생산 ········· 85
- ㊲ **양극화**를 줄이는 방법이 아닌 것은? 양극화 ········· 87
- ㊳ 우리나라가 **외환 위기**에 빠졌을 때 국민이 한 행동은? 국제 통화 기금(IMF) ········· 89
- ㊴ 2006년 말에 **치즈 가격**이 갑자기 2배 이상 껑충 뛴 이유는? 인플레이션 ········· 91
- ㊵ **실업률**이 높아지면 생기는 일이 아닌 것은? 실업 ········· 93
- ㊶ 1차, 2차, 3차, 4차 **산업 혁명**을 나누는 기준은? 4차 산업 혁명 ········· 95

쌤이 뽑은 교과서 개념 퀴즈 97

 차례

- 작가의 말 4
- 이 책의 활용법 6

1장 교과서 속 정치 이야기

1. 정치가 필요한 상황은? 정치 ········· 13
2. 근대에 세운 공공 기관 중에서 가장 먼저 세운 것은? 공공 기관 ········· 15
3. 대한민국이라는 이름은 어디에서 유래했을까? 민주주의 ········· 17
4. 기본권 중에서 가장 우선시하는 권리는? 국민의 권리 ········· 19
5. 대한민국 국민의 의무가 아닌 것은? 국민의 의무 ········· 21
6. 나의 권리에 대해 잘못 이해한 친구는? 권리와 의무의 관계 ········· 23
7. 집회에 대한 설명 중 잘못된 것은? 집회 ········· 25
8. 시민 단체가 원전 폐쇄를 외치며 집회를 하는 이유는? 시민 단체 ········· 27
9. 비정부 기구를 설명한 내용으로 알맞은 것은? 비정부 기구(NGO) ········· 29
10. 투표로 결정하기에 적절하지 않은 내용은? 투표 ········· 31
11. 대통령이 하는 일이 아닌 것은? 대통령 ········· 33
12. 국가에 중요한 일이 일어나면 어떻게 결정할까? 삼권 분립 ········· 35
13. 국회 의원이 하는 일이 아닌 것은? 국회 ········· 37
14. 갑자기 대통령에게 무슨 일이 생기면 나랏일은 누가 대신할까? 정부 ········· 39
15. 정의의 여신상이 눈가리개로 눈을 가린 이유는? 법원 ········· 41
16. 집 앞 하천을 깨끗하게 만들려면 어디에 요구해야 할까? 지방 자치 ········· 43
17. 어떤 법에 대한 설명일까? 헌법 ········· 45
18. 우리나라는 한 사건에 대해 몇 번까지 재판받을 수 있을까? 삼심 제도 ········· 47
19. 거란과 담판을 벌인 서희가 한 일을 뜻하는 사회적 용어는? 외교 ········· 49
20. 전쟁이나 분쟁이 생겼을 때 중재하는 곳은? 국제 연합(UN) ········· 51
21. 한반도는 왜 남한과 북한으로 분단되었을까? 분단 ········· 53
22. 우리나라 국경일에 해당하지 않는 것은? 기념일 ········· 55
23. 일본 대사관 앞에 평화의 소녀상을 세운 이유는? 위안부 ········· 57

교과서 개념이 쏙 담긴 십자말풀이 59

정답 ❷ 우리나라가 일제 강점기에서 해방된 후 나라의 이름을 정할 때, 대한 제국에서 황제를 뜻하는 제를 국민을 뜻하는 '민'으로 바꿔 대한민국으로 정했어요. 국민이 나라의 주인이라는 뜻이 담겨 있답니다.

민주주의

모든 국민이 자유롭고 평등하게 의사결정에 참여하는 정치 방식

백성 민 民, 주인 주 主, 주인 주 主, 옳을 의 義

민주주의란 국가의 주인은 국민이니, 나랏일을 결정하는 권리 또한 국민에게 있다는 사상이자 정치 방식이에요. 대한민국 헌법에도 '대한민국은 민주 공화국이며, 대한민국 주권은 국민에게 있고, 모든 권력은 국민에게서 나온다.'고 있어요.

모든 국민은 국가의 주인으로서 자유롭고 평등하다는 생각을 바탕으로 인간의 존엄성을 실현하는 것이 민주주의의 목표랍니다.

2 명쾌한 해설

앞에 나온 상식 퀴즈의 정답을 간결한 설명으로 명쾌하게 풀어 이해가 쏙쏙!

3 머릿속에 쏙 한 줄 정리

핵심 내용을 한 줄로 정리해 상세한 내용을 읽지 않아도 77가지 교과서 개념이 잡혀요.

4 문해력 UP! 한자

한자를 알면 어려운 개념도 술술 읽혀요. 개념의 속뜻을 파악하면서 문해력을 키워요.

우오옷! 퀴즈로 잡는 교과서 개념 이라니~!

궁금한 건? 찾아보기

앞에서 배운 교과서 개념과 관련 용어를 가나다순으로 정리해 사전처럼 찾아보기 좋아요.

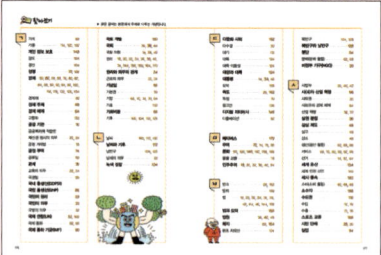

이 책의 활용법

초등학교 선생님이 뽑은 **교과서 개념 77가지**를 퀴즈로 즐겨 보자!

1 호기심 퀴즈

재미있는 만화풍의 그림을 곁들인 사지선다형 상식 퀴즈! 알 듯 말 듯 알쏭달쏭한 퀴즈를 풀다 보면 어느새 호기심이 팡팡 터지고 지식이 차곡차곡 쌓여요.

보너스 팁

단원별 마무리 활동

단원이 끝나면 놀이 활동을 하며 배운 내용을 정리해요. 가로 세로 빈칸을 채우는 십자말풀이, 주어진 힌트를 보며 정답을 찾아가는 주관식 퀴즈로 성취감을 느껴요.

첫째, 정치, 경제, 지리, 사회·문화 총 4가지 영역으로 나누어 사회 교과서에 나오는 중요 개념을 정리했어요.

사회 시간에 나오는 내용 중에서 핵심을 뽑아 주제를 정한 다음, 유형이 비슷한 개념끼리 모았어요. 읽기 쉽고, 개념이 궁금할 땐 언제든 다시 찾을 수 있어요.

둘째, 개념을 익히기 전에 호기심을 자극하는 상식 퀴즈를 활용했어요.

개념과 관련한 상식 퀴즈를 풀면서 개념과 우리 삶이 어떻게 관련되어 있는지 알게 돼요. 만화풍으로 재미있게 그린 퀴즈를 풀다 보면 개념을 이해할 수 있어요.

셋째, 개념을 한자로 풀어 놓았어요.

한자어로 된 용어를 어렵다고 생각해 무턱대고 암기하려고만 해서 안타까웠어요. 한자 속에 담긴 용어의 뜻을 알게 되면, 어려운 개념도 쉽고 자연스럽게 익힐 수 있어요.

이 책을 통해 여러분이 사회 과목에 더욱 흥미를 붙이고, 지루한 암기 과목이 아니라 재미있는 과목이라는 걸 꼭 알게 되기를 바랄게요.

2023년 8월
박상현

초등 사회는
왜 배워야 할까요?

사회는 사회생활에 필요한 여러 지식과 의사 결정 능력, 탐구 능력, 지식 활용 능력, 사회 참여 능력 등의 기능을 익히고, 배운 것을 토대로 우리 주변 현상을 올바르게 이해하도록 도와주는 과목이에요. 우리가 사는 곳의 지형이나 날씨 같은 자연환경을 포함해 다양한 문화와 역사 같은 인문 환경을 다루지요. 좁게는 나와 우리 가정에서 일어나는 일부터 넓게는 지구 전체에서 벌어지는 일까지 모두 다뤄요. 범위가 넓은 만큼 외워야 할 주제와 개념도 많아요. 그래서 사회 과목을 어려운 암기 과목이라 생각할 수 있는데, 사회는 많은 개념을 단순히 암기하는 과목이 아니랍니다.

그렇다면 사회는 왜 배워야 할까요?

사회를 배우면 우리 주변의 사회현상을 올바르게 이해하고 스스로 판단하여 행동할 수 있는 능력을 키울 수 있기 때문이에요. 정치, 경제, 지리, 문화와 관련한 여러 기초 지식으로 다양한 사회 현상이 어떤 개념과 관련 있는지 파악하다 보면 우리 주변의 사회 현상을 올바르게 이해하고 스스로 판단하는 힘을 수 있어요. 이 책은 사회 과목의 내용을 쉽고 재미있게 전달하기 위해 세 가지 사항에 중점을 두었어요.

77가지 퀴즈로 만나는 초등 교과서 개념 사전

풀고 싶은 퀴즈 알고 싶은 사회

글 박상현 그림 이창우

글 박상현 **그림** 이창우
1판 1쇄 2023년 9월 18일
펴낸곳 도서출판 키움 **펴낸이** 김준성
주소 경기도 파주시 회동길 325-16
등록 2003.6.10(제18-144호) **전화** 02-887-3271,2 **팩스** 031-941-3273
홈페이지 www.kwbook.com

ⓒ 도서출판 키움
· 이 책에 실린 모든 글과 그림을 저작권자의 허락 없이 무단으로 복제, 복사, 배포하는 것은
  저작권자의 권리를 침해하는 것입니다.
· 잘못된 상품은 구매하신 곳에서 교환하실 수 있습니다.